珞珈博雅文库
经典导引系列

心悟妙识

《坛经》导引

高文强 著

商務印書館（上海）有限公司 出品
The Commercial Press (Shanghai) Co.Ltd

《珞珈博雅文库》编委会

主任委员：周叶中
副主任委员：李建中　吴　丹　姜　昕
委　员：（以姓氏拼音为序）
　　　　陈学敏　冯慧敏　黄明东　江柏安
　　　　姜　昕　李建中　李晓锋　罗春明
　　　　彭　华　潘迎春　桑建平　苏德超
　　　　文建东　吴　丹　周叶中　左亚文
秘　书：黄　舒

| 作者简介 |

高文强，1969年出生，文学博士，武汉大学文学院教授，博士生导师；兼任武汉大学《文言》辑刊主编、《关键词》辑刊副主编，武汉大学东亚佛教诗学研究中心主任，韩国东国大学东亚海洋文明与宗教文化研究所客座研究员，湖北省文艺学学会副会长，中国古代文学理论学会常务理事及学术委员会委员，中国《文心雕龙》学会理事。主要著作有《东晋南朝文人接受佛教研究》（中国社会科学出版社，2012年）、《道家元典关键词研究》（人民出版社，2021年）、《佛学东渐与六朝文学思潮的嬗变》（中华书局，2023年）等，在《文艺研究》《人民日报》等报刊上发表论文110余篇。曾主持国家社科基金项目两项，教育部项目两项；成果曾获湖北省社会科学优秀成果奖二等奖、三等奖，湖北文艺评论奖二等奖，韩国东亚人文学会优秀学术奖。长期从事中国文论、佛教诗学研究，主持的"佛教文化"课程获国家级一流本科课程，曾获国家级教学成果奖二等奖，湖北省教学成果奖一等奖。

总　序

刘勰曾在《文心雕龙》中认为，"三极彝训，其书言经"；刘知几在《史通》中提出，"自圣贤述作，是曰经典"。经典是人类思想的精华，是人类进步的阶梯，具有原创性、权威性、普适性、恒久性等特征。经典对人类意义重大：一方面，不同民族、国家、文化的经典造就各异的文明生态；另一方面，阅读、研究经典乃人类文明自我传承与相互理解的重要方式。

1942年，朱自清在《经典常谈》的序言中写道"在中等以上的教育里，经典训练应该是一个必要的项目"，可见经典在教育过程中的作用与价值。对通识教育而言，经典更是重中之重。所有的学生，不论院系或专业均理应接受与经典研读相关的训练。武汉大学为本科学生开设的两门通识教育基础课"人文社科经典导引"和"自然科学经典导引"，其基本内容就是"以关键词为核心的跨学科经典阅读"。这不仅是两大导引课程的基本理念，而且已然成为中国大学通识教育的基本共识。

然而，当今世界的经典阅读却充满挑战。社会娱乐和大众文化不仅带来反智主义，而且AI智能和电子媒介还使"浏览"代替"阅读"。在学术领域，经典的经典性同样面临诸多压力：经典到底是百代不迁的不刊之论，还是各种权力的书写建构？面对这个问题，最佳的途径就是回到经典、亲近经典、深入经典。

平心而论，阅读经典并非易事。经典往往是古典。古今语言文字的差别、社会历史的差异形成天然的障碍，经典文本的"衍生层"即历代阐释也乱花迷眼，令人莫衷一是。因此，打造经典的"导引之门"就十分关键。古汉语的"导"与"道"乃同一个字的分化，其繁体写作"導"，其本义是"道路"；古汉语的"引"，《说文解字》解释为"开弓也"，可理解为一种张力弥满的状态。"引"具有双向性，"开弓"既是向内的蓄力，又是向外的预备。所谓"经典导引"，一方面是开启一条通向经典的道路，另一方面则是发掘经典的引力，并引领、深化这种发掘。

尽管经典导引十分关键，但要写好经典导引却不容易。毋庸讳言，坊间可见的经典导引类图书，虽数量可观，但质量良莠不齐。我们这套丛书，依托的是作为武汉大学通识教育金牌课程的"两大导引"，导读的是两大导引课程中精选的中西方经典，且以"成人"为宗旨，以"关键词"为方法，以学术为根基，以思想为内核，力求达到立德树人、凝心铸魂的效果。

这套"经典导引系列"丛书有着鲜明特色。一是撰述理念前沿，著作体例清晰。本丛书以通识教育为基本立足点，展现经典的深层意蕴，彰显经典对人类生活的永恒意义。二是撰述作者优秀，著作质量上乘。本丛书作者均为武汉大学等名校教师，对所撰述的经典大多沉潜经年、用力甚深；且有着丰富的通识教育讲授经验，深具通识教育实践之智慧，故能精准发掘经典之"成人"意蕴与精华。三是文字简明晓畅，兼具思想性、学术性和审美性。本丛书既不取学术著作的艰深晦涩，亦不采白话口语的不耐咀嚼，而是力求雅俗共赏，以简洁言艰深，化晦涩为晓畅。与此同时，"经典导引系列"力求避免"教材体"的说教腔和千篇一律，而是充分彰显作者的学术个性。作者们或风趣幽默或文采富丽，或严谨深刻或言简意赅，著作既具可读性又富感染力，足以让受众在"悦"读中领会经典。

"双百工程"是武汉大学通识教育的重要出版工程，计划编撰出版一百种通识课程教材和一百种通识经典导引。前者已经出版四十余种，后者则刚启动，即"经典导引系列"第一辑共十种，包括《论语》《史记》《文心雕龙》《六祖坛经》《红楼梦》《理想国》《斐多》《审美教育书简》《国富论》《正义论》的导读。后期还将纳入更多两大导引课程中的相关经典，以及域外经典和导引汉译，即对海外相关经典和经典导读的迻译。如此，本丛书有望成为具有品牌性、集成性效应的经典导引书系。

经典是人类思想和灵魂的重要源泉，阅读经典是提升社会文化素质的重要途径。严羽在《沧浪诗话》中说"入门须正，立志须高"，"经典导引系列"既是阅读经典的"正门"，亦有助于养成读者的"高志"。

武汉大学副校长、法学院教授

周叶中

| 目录 |

绪　论	/ 001
第一章	天竺梵音	/ 007
第二章	佛学东渐	/ 046
第三章	禅门开宗	/ 079
第四章	东山悟法	/ 103
第五章	定慧无住	/ 131
第六章	归依无相	/ 151
第七章	般若无念	/ 171
第八章	使君礼拜	/ 187
第九章	法达问经	/ 202
第十章	付嘱传承	/ 220
结　语	/ 237
后　记	/ 241

绪　论

《坛经》重"心悟",而"心悟"是通识教育中尤应重视的一种智慧。"佛祖拈花,迦叶微笑",这是禅宗历史上广为流传的一个故事。佛祖"拈花"所传,迦叶"微笑"所受,正是禅宗极力倡导的"以心传心"的修行法门。这一故事虽为禅门中人所虚构,但却真实道出了禅宗思想重"心悟"的特点。《坛经》,作为中国禅宗的经典,对禅宗思想的这一特点,有着非常突出的表现。其内容在开启人的悟性方面,至今依然有着独特的意义和价值。

悟性,是人类认识和理解自然、社会和人生真理的一种能力。世界常常在我们面前呈现出纷纭复杂的表象,而在这些纷繁复杂的表象背后,世界的本然状况或者根本规律到底是什么?可以说,这是人类千百年来一直在努力探寻答案的基本问题。前人在探索世界本然状况和根本规律的过程中积累下来的经验——或称其为知识,成为后人继续探索宇宙奥秘的重要依据。这些前人积累的重要知识在后人探索真理的过程中之所以有着重要意义,主要是因为这些知识能借助人的悟性,使后人站在前人探索经验的基础上，在其进一步探索自然、社会和人生真理中发挥积极作用。因此，悟性在人类认识世界、认识自我的历程中具有非常关键的意义。

那么，人的悟性从何而来？是天性中所固有，还是后天修炼而得？这是一个见仁见智的问题。《坛经》认为，人的悟性，本自有之，只不过常人的悟性多被各种固执的偏见所遮蔽，所以我们对世界和对自我的认识容易陷入偏见或谬误之中。若要改变这种被遮蔽的状况，就必须扫除那些固执的偏见，让世人本有的悟性重新呈现，从而使我们正确认识世界本然真理成为可能。这就是《坛经》所谓的"顿悟"。

在《坛经》看来，固执的偏见更多时候是因人们对前人知识的误读而形成的。前人的知识是在探索世界真理过程中积累的经验，而探索世界真理是一个无限的过程。因此，前人的知识也是一个开放的系统，不应有固定的边界，不应做固化理解。固化的知识可称之为"成见"，而谬误多源于"成见"。因此，破除"成见"也常成为顿悟追求的重要境界。这一境界不唯对禅门修行至关重要，而且对于今天的我们，无论是在大学中的学习者，还是在社会中的工作者，也都非常重要。虽然人生不同阶段有着不同顿悟的境界，但是"破成见"作为基本之悟，在人生的各个阶段都非常需要。而在如何"破成见"方面，《坛经》可以说是一部极好的教科书。

《坛经》被称为"中国禅宗经典之首"。关于禅宗的形成，历史上有多种说法，如著名的"西天二十八祖""东土六祖"之说。

所谓"西天二十八祖"是从摩诃迦叶到菩提达摩,"东土六祖"则从菩提达摩到惠能。今天看来,禅宗的这一传承谱系后人编造的成分较多,尤其是"西天二十八祖"之说。"东土六祖"的传承关系,在历史上确实存在,但学术界对到底是谁创立禅宗这一问题目前仍有争议。不过,有一点是大家公认的,那就是惠能对中国禅宗基本理论的奠定发挥了非常重要的作用,而《坛经》正是记录惠能生平行事和思想要义的一部经典。

惠能,生于唐贞观十二年(638),逝于唐先天二年(713),是奠定中国禅宗基本理论的一代高僧。《坛经》是惠能一次讲法的记录,惠能的佛学思想基本保留在《坛经》中。这部经典奠定了禅宗的理论基础,成为禅宗的"宗经",影响了唐以后禅宗乃至整个中国佛教理论的发展。《坛经》在中国佛教史以及中国文化史上都有着非常重要的地位和价值。

《坛经》在历史上的流传,由于不同时代、不同地域、不同派别的传抄刻印的差异,形成了各种不同的版本。其中有两个版本是我们必须了解的。第一是宗宝本,这个版本是元代禅师宗宝于至元二十八年(1291)编辑成书。题名《六祖大师法宝坛经》,一卷,十品,这是自元代至今最流行的一个版本,也被称为"通行本"。第二是敦煌本,这个版本是1923年日本学者矢吹庆辉在伦敦大英博物馆敦煌文献中发现的。全名为《南宗顿教最上大乘摩诃般若波罗蜜经六祖惠能大师于韶州大梵寺施法坛经》,一卷,日本学者铃木大拙将其分为五十七节,这是目前能看到的最早版本。由于越古老的版本常常越接近原貌,而后出的版本则一般掺杂着更多后人增删修改的内容，因此，本书所选《坛经》以敦煌本为底本，然后依据其他版本做一定的补充修订，以便我们能更好地了解惠能以及《坛经》的原创性思想，并从中体悟超越"成见"的大智慧。

读《坛经》我们可以发现，惠能所说之佛法都是传统佛学中的经典理论，那么惠能的"说法"新意何在？如果我们读完惠能所讲之法，就可以发现惠能讲解各种佛学经典理论时具有一个共性：破除"成见"。

就佛教修行而言，对佛教理论的固化理解而形成的"成见"，是令人们陷入执着而无法超越的重要因素。以惠能所说的"坐禅"为例，惠能指出，坐禅作为一种修行方法，其根本意义不在于"坐着不动"这种形式，而在于"本性不乱"这一境界。因此，若能达到这一境界，坐禅的方式可不拘一格，行、住、坐、卧皆可谓之"坐禅"。如果对"坐禅"方法做固化理解，所坐所念的方式不可越雷池一步，反倒会阻碍我们达到"本性不乱"这一境界。这恰是一种非常不易察觉的执着。再如惠能说"经书"，他指出，一切经书皆因人而有，都是因大智慧者为迷人说法而得，也就是说，一切经书不过是大智慧者引导迷人开悟的工具罢了。因此，后人学习经书，不应把经书作为学习的目的，而应借助于它去悟到心中的佛性。所以，经书好比是渡人到达彼岸的那条"筏"，只有"舍筏"才能"登岸"。故遵守经典，也是一种非常不易察觉的执着。

佛教自两汉之际传入中国，至惠能时代已有六百年历史，但对佛教修行方法做固化理解而陷入一种执着却不自知的境地的现象依然普遍存在,《坛经》中神秀的形象便是一个经典例子。惠能讲法中所做的一项主要工作就是要打破人们心中的这类"成见",让人们能观到佛法的本然,观到世界的本然,如此才能做到超越所有"成见",超越一切执着。敦煌本《坛经》全书虽只有一万余字,但惠能在其中却留下了超越"成见"的大智慧。

上述现象不唯在佛教修行中存在,在我们平时的学习、生活、工作中同样无处不在。以在校大学生为例,进入大学之前,他们绝大多数经历了十二年基础教育的训练,在获得了大量知识的同时也囤积了大量的"成见",而这些"成见"在一定程度上遮蔽了他们本有的悟性。例如对一般知识的学习,基础教育阶段特别重视知识确定性的一面,而较忽略知识不确定性的一面。这一教育方式极易让学习者对知识做固化理解,从而将"知识"转变为"成见",将"认识世界真相的工具"转变为"阻挡认识世界真相的障碍"。再如经典阅读问题,基础教育阶段的经典阅读特别重视知识的记忆,这种学习方式极易让学习者视掌握经典本身为学习的目的,而忽视了经典只是帮助我们获得认识世界的大智慧的工具。阅读经典根本的方法恰恰不在"记",而在"忘","得意"需要"忘言","登岸"必须"舍筏"。诸如此类的"成见"不破除,我们本有的认识世界真相的悟性就难以完全呈现。

进入大学学习阶段,这些现象依然存在;将来走入社会后,这些现象还会存在。知识帮助我们认识世界,"成见"却阻碍我们感悟和认知事物的真相，所以我们无论是在进入大学之时，还是走出大学步入社会之后，都需要破除"成见"，恢复悟性，如此我们才能更好地学习、更好地工作、更好地生活。因此，惠能在《坛经》中所呈现的"破成见"的大智慧，无疑值得我们在往后人生的每一个阶段都不断地学习和借鉴。

第一章
天竺梵音

佛教产生于两千多年前的古印度,其创立与发展都是世界文化史上的大事。了解佛教形成与发展的历史,是读懂、读好《坛经》的重要基础。本章将从佛教的形成、佛教的基本观念、佛教的演进等方面对佛教在印度的发展历史做简要介绍。

第一节 佛教兴起

佛教创立的时间大约在公元前6世纪到公元前5世纪之间,创立者为释迦牟尼。释迦牟尼曾为古印度迦毗罗卫国王子。为什么王子没有继承王位而开创了佛教一派?这首先要从当时的社会背景讲起。

一、佛教形成的社会背景

1. 群雄争战

考古学证据表明,印度古典文明主要由早期吠陀文明发展而来。吠陀文明的建立者是雅利安人。大约从公元前15世纪开始，雅利安人从中亚分批进入印度河中游的旁遮普，征服了当地皮肤黝黑的达罗毗荼人，并通过武力扩张占领了北印度。大约在公元前1000年，雅利安人将势力扩张到恒河流域，占领了当地肥沃的土地。随着殖民扩张和经济的发展，开始出现王舍城、吠舍离、波罗奈等有名的大城市，社会结构也逐步由氏族部落制向国家制转变。至公元前7世纪，印度大地上已形成二三十个国家，其中重要的有十六大国。据《长阿含经》卷五记载，这十六大国分别是："鸯伽国、摩揭（陀）国、迦尸国、居萨罗国、跋阇国、末罗国、支提国、跋沙国、居楼国、般阇罗国、阿湿波国、阿般提国、婆蹉国、苏罗婆国、干陀罗国、剑浮沙国。"这十六国的起源和组织目前所知甚少。按照传统说法，在这十六大国中，迦尸国和居萨罗国最先兴起。摩揭陀国、居萨罗国、跋阇国、阿般提国四国崛起后，彼此对峙。随后摩揭陀国与居萨罗国发生冲突，因为两国都企图称霸。最后摩揭陀国凭借自己的经济优势和强大的军事力量，打败了居萨罗国，成为列国中最强大的国家。

　　佛教创立的年代，正处于摩揭陀国与各国逐鹿炽盛的时期。摩揭陀国王频毗沙罗王（约前544—前493年在位）曾以武力吞并东邻鸯伽国，并派太子阿阇世统治其地。摩揭陀国也与阿般提国发生冲突，阿般提国王曾率兵围攻王舍城，但不战而退。频毗沙罗王之后的统治者是阿阇世（约前493—前462年在位）。阿阇世弑父登位，结果引发摩揭陀国和居萨罗国之间的战争。摩揭陀国打败了北邻强国居萨罗和迦尸的联盟，并兼并后者；又与跋阇国打了16年的战争，吞并了它；最终成为东印度的霸主，而这又引起强国阿般提国的敌视。各国之间长期的兼并战争，加剧了社会的动荡和民众的痛苦。不少人过着颠沛流离、朝不保夕的生活，甚至因为饥荒或是无力支付赋税、罚金而卖身为奴。为了反抗统治者的暴政，各国都曾发生民众暴动；但暴动并非革命，暴动没有改变印度社会种姓隔离、社会分裂的现实。在这种情势之下，民众看不到摆脱苦难现实的出路，因此有人遁迹山林，也有人出家寻找精神的慰藉。这些为佛教的创立奠定了重要的社会基础。

2. 种姓制度

种姓制度是雅利安人进入印度之后创立的，主要用来区分征服者与被征服者，目的是为了维持雅利安人的统治地位。随着雅利安人社会分工的进一步分化，种姓制也被用来区分雅利安人因社会地位不同而形成的不同社会集团。从事祭祀的婆罗门和贵族军事集团，分别形成掌握宗教和军政特权的两个等级；一般的雅利安居民成为第三等级；再加上殖民扩张中，雅利安人征服了大量土著居民（土著部落实际成为一个特定的被奴役的集团）。这样，在后期吠陀时代，整个社会出现了四个社会等级，即婆罗门、刹帝力、吠舍、首陀罗。不同种姓在地位、权利、职业、义务等方面有严格的规定：

（1）婆罗门：掌握祭祀的僧侣阶层，在四种姓中处于最高等。根据《摩奴法典》的规定，婆罗门来到世间，被列在世界的首位，有权享有一切存在物。婆罗门垄断祭祀和教育，拥有教授吠陀经典、主持祭祀和接受布施的特权。婆罗门的代表色是白色。

（2）刹帝力：武士和王族，在四种姓中处于第二等。刹帝力由军事贵族和行政贵族构成，负责征战和管理，拥有征收赋税的特权。刹帝力是婆罗门思想的受众，负责守护婆罗门阶层生生世世。刹帝力的代表色是红色。

（3）吠舍：包括农民、牧人、手工业者和商人，在四种姓中处于第三等。吠舍是平民，在政治上没有特权，必须以布施和纳税的形式来供养前两个等级。《瞿昙》规定吠舍可从事农耕、商业、畜牧、放贷等工作。吠舍的代表色是黄色。

（4）首陀罗：包括奴隶、杂工、仆役，以被征服的土著居民为主，属于非雅利安人，在四种姓中处于第四等。首陀罗是没有人身自由的奴仆，他们从事低贱的职业，是人口最多的种姓。首陀罗的代表色是黑色。

在各类法经、法典中，有大量条文强化、固定种姓之间不可逾越的界限。例如在宗教生活方面，婆罗门、刹帝力、吠舍被定义为再生族，能参加吠陀宗教生活，可佩戴作为再生族标志的圣线，死后可轮回转世；首陀罗作为一生族，没有参与吠陀宗教生活和佩戴圣线的资格，也无轮回转世的可能。

总体而言，婆罗门享有较多宗教特权，长期以来与刹帝力、吠舍、首陀罗之间都产生了较为尖锐的矛盾，这种形势逐步导致了反婆罗门思潮的兴起。

3. 思想争鸣

雅利安人原始的宗教信仰是对自然的崇拜。在后期吠陀时代，婆罗门学者把原始的宗教学说，加以整理，形成了婆罗门教。婆罗门教的最高信仰是"梵"或"梵天"。"梵"是"梵摩"的简称，意思是清净、离欲、寂静，后来引申为世界的主宰。婆罗门教认为，只有梵天才是真实的，世界的一切都是幻象。梵天创世，四种姓由此产生，婆罗门居于最高的位置。婆罗门教将吠陀视为天启，宣扬祭祀万能。为了垄断祭祀的特权，婆罗门祭司宣称，婆罗门至高无上，只有婆罗门主持的祭礼，才能得到成功。不过，随着时间的推移，人们发现吠陀对社会人生的解释并不能够完全使人满意，祭祀的作用有限，婆罗门至上更造成许多矛盾。

婆罗门教发展到《奥义书》的时代（约前6世纪），内部开始出现新的思潮。《奥义书》中酝酿着一种轻祭祀、重思辨的方向。《奥义书》在祭祀升天之上，提出真我解脱的理论。《奥义书》认为，梵是世界的精神本原，它创造万物，也存在于万物之中。作为外在的、宇宙的终极原因的梵和作为内在的、灵魂的我在本质上是统一的，我源于梵，也必复归于梵，人生应当以实现"梵我合一"为最高的目标。这就是"梵我合一"的理论。此外，《奥义书》主张在"梵行""家住"的基础上，还要有"林栖""遁世"的苦行生活。《奥义书》的这些新见，为当时活跃的思想文化提供了新的思路和材料。

随着恒河中下游诸国的崛起以及列国兼并导致的社会阶级

的变动,婆罗门垄断文化事业的时代已经过去;反对婆罗门教的各沙门集团风起云涌,成为东方诸国的新思潮。列国时代的印度思想界,如同中国的春秋战国时期,出现了百家争鸣的景象。这一文化领域的新动向最初发生在恒河中下游的东部地区。这是因为婆罗门教的势力范围主要集中在印度西北部及恒河上游,在那里婆罗门教的势力压倒一切;而在东部,婆罗门教的控制力量有限。

在公元前6世纪,印度思想界对于宇宙、社会和人生的问题,曾涌现出数以百计的不同见解。这些意见汇合成两股对抗的思潮,即婆罗门的守旧思潮和沙门的革新思潮。沙门,即出家修行者,原意勤息、息心、净志,沙门思想家或宗教家的共同特点是反对婆罗门教的绝对统治。他们反对神创说,讥笑婆罗门教繁琐的祭祀礼仪,指出吠陀圣典的荒谬,揭露婆罗门教的种种骗局;并开始创立自己的独立学派,形成一股强大的社会思潮。

二、从王子到佛陀

印度史学传统薄弱,中古史已经要依靠同时期的中国文献与考古发现进行重构,上古史多为传说,更不足为凭。关于佛陀的生平事迹,目前没有完整可靠的历史文献,此处只能依据汉文、梵文、巴利语佛典的片段记载加以叙述。其中包括许多神话传说的成分,但也有一定程度的历史事实。

1. 从出生到出家

释迦牟尼在成为佛陀之前是北印度迦毗罗卫国王子,本名乔达摩·悉达多。关于佛陀生卒时间,是一个有学术争议的问题。南传上座部通行的佛教纪年,以公元前544年为佛灭之年。我国历来依据"众圣点记"说,主张佛陀涅槃年为公元前486年。这里采用"众圣点记"说,即认为佛陀大约生活在公元前565到公元前486年之间。①

在佛教经典中,佛陀诞生的记载已被神化,因此这里我们不做复述。悉达多出生后,曾有仙人阿私陀指出太子具三十二相、八十种好,且预言王子将来会出家修行,得悟佛道。父亲迦毗罗卫国国主净饭王则对作为王位继承人的悉达多期望很高。据《佛本行集经》记载,太子八岁时,净饭王为他延请名家大师课读,想将太子培养成文武双全的英明君主。所学包括武技、军戎、兵仗、智略、书算、计数、梵典、天文、祭祀、占察、悬射、巧诵、兽音、声论、造作等知识与技能。按经文中的说法,太子用了四年时间通达一切知识,达到"通达无碍,一切自在"的程度。十九岁时太子娶妻,不久生子。悉达多在王宫中的生活可谓具足五欲、娱乐逍遥、嬉戏自恣。

---

① 南亚次大陆每年有三个月的雨季,在此期间,佛教徒安住于某一处所,精进禅修,并在戒本上点一点以记年,这就是所谓的"点记"。据云,佛灭第一年,佛徒即开始安居。齐译《善见律毗婆沙》记载,永明七年(489)计得九百七十五点,点是一年,因此上推佛灭年为公元前486年。另据斯里兰卡《岛史》等文献,阿育王在佛灭后218年灌顶即位。现代学者考证阿育王在公元前268年前后登基,上推218年,与"众圣点记"说的公元前486年基本相符。佛陀住世八十岁(《佛本行集经》),因此诞生年代推测为公元前565年。

净饭王一直忧虑悉达多太子会出家修行,因此为太子建造宫殿、遴选婇女,以使太子抛却出家的打算。即便如此,成道的因缘早在太子少时就已经种下。关于太子出家的直接因缘,一般认为是"四门游观"。所谓"四门",即迦毗罗卫城东、南、西、北四城门。太子出城游观,见到老人、病人、死人、沙门。太子见老人、病人,知道世间的苦恼,深感众生的苦难;又见死人,看到生命的无常,恋世情灭;等到见了沙门,捐弃爱欲,廓然大悟,决定出家修行,去寻找解脱人生之苦的方法。在《长阿含经·大本经》中,佛陀讲述的是毗婆尸太子出城游观成道的故事,后来的经典将其作为佛陀本人的成道因缘。

净饭王听到太子要出家,曾极力劝阻太子;但太子决意离家,于是,一日深夜命御者备马出城而去。拂晓时分,太子在一片树林前下马,解下身上的璎珞、天冠,剃去须发,换上袈裟,从此开始了真正的出家生活。净饭王看太子修道之志甚坚,便派了阿若·憍陈如等五位侍从随其修行。这一年悉达多二十九岁。

2. 修行悟道

悉达多出家后,首先希望通过寻师问道获得解脱的方法。据《佛本行集经》记载,悉达多先到吠舍离寻访跋伽婆仙人问苦行之道。悉达多了解苦行之后,认为他们没有达到真理的极处。在悉达多看来,以苦求乐的实质是以欲求乐,以苦招苦,这将进入更大的牢狱;让现在这具身体受苦,希望死后生天,得到身体的快乐,这其实是增加五欲的因,和解脱生死痛苦没有关系。因此，悉达多对这一修行方法并不满意。然后他又到王舍城寻访阿罗逻迦蓝仙人和优陀罗罗摩子仙人，向二人学习禅定和"非想非非想法"。悉达多觉得他们的方法依然不够究竟，不能真正解脱轮回，达到涅槃境界。悉达多最终失望而去，决定不再寻师问道，而开始在自修自悟中寻找解脱的方法。

在做出了自修自悟的决定后，悉达多开始了六年的苦行生活。悉达多与憍陈如等五位侍者前往摩揭陀国的伽耶城之南的优楼频罗村的苦行林中修行，以求达到解脱。据说，在长达六年的苦行生活中，悉达多逐步减少饮食，直至每日只食一粒乌麻或一粒粳米、一粒豆子。苦行六年中，他身体羸瘦，皮肤干瘪，形同枯木，两肋骨离离相远，唯有皮裹，与骷髅无异。不过，在苦行中悉达多渐渐明白，解脱大事不是苦行所能办到的。于是，他决定放弃苦行，另外寻找可以解脱的修行方法。传说悉达多走出苦行林后，在不远的尼连禅河洗去积垢，并接受牧女奉献的乳糜供养。看到悉达多的行为，五位侍奉他的比丘认为悉达多已经放弃努力，恢复他放逸的本性，是懈怠之人，不能专于寂定，心声愦乱。因此，他们放弃与悉达多同行。

据《佛本行集经》记载，悉达多恢复精力后，向尼连禅河畔的菩提树走去。悉达多在菩提树下结跏趺坐，发大誓愿："我坐此处，一切诸漏若不除尽，若一切心不得解脱，我终不从此坐而起。"然后身心清净，进入禅定，开通思考解脱人生之苦的方法。传说悉达多在菩提树下坐了四十九日，最终成就阿耨多罗三藐三菩提（无上正等正觉），解脱生死，究竟涅槃，世称其为"佛陀"。佛陀是梵语音译词，意译为觉悟者。此时悉达多三十五岁。

3. 创立佛教

悉达多悟道成佛后，并未立刻离开菩提树附近。按佛经的说法，佛陀在此停留了四个七日，先后在菩提树、阿伽波罗树、目真邻陀树、罗阇耶恒那树下坐禅，享受解脱的快乐，然后便开始了游方说法、度化众生的生活。

佛陀感到自己所证得的法非常深刻，难以洞察，难以理解，无思量处，不可思议，只有智者能够通晓。于是便想到过去苦行时，侍奉自己的憍陈如等五比丘，他们身心清净，少垢少尘，薄使利智，一定能够承受自己最初转于法轮所说妙法。于是佛陀前往波罗奈城的鹿野苑，为曾经共同苦修的五人讲法。为了消除五比丘对修行的错误认识，佛陀首先批判了放纵情欲和自苦自残两种极端的主张，然后又为他们讲解了"无我"的学说。佛陀这样说时，憍陈如最先远离尘垢，除诸缠缚，如实得度烦恼险路，心中没有疑虑，身即便出家，成具足戒。其余四比丘听了佛陀的宣讲，同样诸漏灭尽，心得解脱，由此五人成为佛陀第一批比丘弟子。至此，佛教三宝中的佛、法、僧完全具足，它标志着佛教正式形成。佛教史便将佛陀成道后第一次说法，称为"初转法轮"。

随后佛陀在鹿野苑度富家子耶舍为比丘，这是佛陀第六位弟子。耶舍的父母、出家前的妻子也皈依三宝，成为优婆塞和优婆夷。这样，佛陀就有了第一批比丘弟子和第一批在家居士即优婆塞和优婆夷弟子。

三、走向兴盛

在鹿野苑度过第一个雨季后，佛陀让弟子们外出周游传法，教化四方。随后佛陀也离开鹿野苑，前往摩揭陀国的优楼频罗。佛陀在优楼频罗度化了拜火外道迦叶三兄弟及其弟子一千人。然后佛陀又前往摩揭陀国的首都王舍城，度化频婆娑罗王，以完成自己的承诺。频婆娑罗王率大臣、婆罗门长者、大众前来迎接。于是佛陀为大众说"四谛"，频婆娑罗王等人当下皈依，一时领悟。频婆娑罗王以距王舍城不远不近的竹园供养佛陀长期安住、说法。

佛陀后来回到故乡迦毗罗卫国弘法，停驻七日，众多亲属皈依，悉达多的儿子罗睺罗也在其中。净饭王诉说当年佛陀出家时，自己承受了深入骨髓的痛苦。因此佛陀制定教制，告诫众比丘，以后接收请求出家者，须征得父母同意。后来净饭王去世，悉达多养母摩诃波阇波提夫人与悉达多在家时的妃子耶输陀罗率五百释迦族女皈依佛陀，形成最初的比丘尼僧团。

随后佛陀从迦毗罗卫回到王舍城。富商给孤独长者决意在舍卫城营造住所，以供佛陀和众比丘在雨季安居。他选定逝多太子的祇园，太子说要用十万金币铺满园林。给孤独长者拉来十万金币，但还差门边的一块地方没有铺好。当他派人再去取金币时，太子感其诚心，说那块地方算是自己的布施。祇园精舍后来成为佛陀在世时最大的精舍。佛陀在此结夏及雨季安居长达二十多年，现在流传许多的经典，都是在祇园说的。

佛陀以摩揭陀、居萨罗、跋阇等国为中心,游化度众长达四十五年。佛陀教说在恒河中下游地区深入人心,四姓皈依甚众,可说从者如云。世人也尊称佛陀为释迦牟尼,意思是释迦族的圣人。佛教文化在这一地区的一些国家渐成主流,已与婆罗门教成分庭抗礼之势。

第二节 佛法诉求

一般认为,由释迦牟尼创立的佛教早期理论体系中,"四谛"是最核心也是最基本的一套理论。此后佛教虽然经历了两千多年在不同地域的发展演变,但"四谛"作为佛学理论基石这一点却从未改变过。因此,了解"四谛"说对我们理解佛教的根本诉求有着重要意义。"谛"是梵文的意译词,有"真实"或"真理"之义,是印度文化中通用的概念。"四谛"即指苦、集、灭、道四种真理;因其真实不虚,故也称"四真谛";因其为圣人所知,故也称"四圣谛"。传说释迦牟尼在鹿野苑为五比丘"初转法轮"时所说的法就是"四谛"。"四谛"中的前两谛——苦谛和集谛主要论述了佛教欲解决的问题是什么,后两谛——灭谛和道谛则讨论了解决这一问题的方法和路径。

一、苦谛

苦谛是关于人生根本特征的真理。人生的根本特征是什么?

不同的人或不同的文化派别，从不同的角度观看到的结果可能是不一样的。佛教认为，人生的根本特征就是"苦"，并将这一看法视为真理，故称"苦谛"。对人生的这一根本看法既是佛教教义得以建构的基础，也是佛教理论得以展开的前提。当然，这一看法极易引发人们的不解，比如人们会问，人生虽然有苦，但是也有快乐，为什么说人生的根本特征就是苦呢？这种疑惑产生的一个主要原因，便是人们对"苦谛"之"苦"的内涵没有真正理解。那么，"苦谛"的"苦"到底指什么呢？

佛教关于"苦"的分类有多种，如二苦、三苦、五苦、八苦等等，其中最流行的是八苦说。八苦说对"苦"的内涵做了基本分类，并由此分类揭示了"苦"的本质是什么。因此，下面我们将重点介绍八苦说。所谓"八苦"，即指生、老、病、死、怨憎会、爱别离、求不得、五取蕴等八种苦。

（1）生苦，主要指人从形成生命、长成身体到出生落地的过程中，在身体、感受、知觉等方面产生的苦。例如在生命成长过程中，于母体中十月住胎，母腹狭窄，内热如煎煮，黑暗如地狱；初生之时，忽冷忽热的风吹、各种衣物接触身体，让柔嫩肌肤如刀刮针刺；出生之后，便已然有贫富、贵贱、男女、美丑等差别，让心理产生各种烦恼和担忧。上述一系列的苦都是引发其他苦的重要因素，此后老、病、死等苦便接踵而至。

（2）老苦，主要指人在身体衰老过程产生的各种苦。例如人从少至壮，从壮至衰，气力不断羸少，体质每况愈下；至年老之时，常常头发花白，牙齿脱落，肌肉松弛，身体变形，五官失灵，神志不清，生命日短，死亡渐近。这些因衰老而呈现的各种现象，为身体和精神带来无尽的痛苦和烦恼。

（3）病苦，主要指人的身心病痛带来的各种苦。例如身体方面，如果四大不调，便会疾病交攻："地大不调，举身沉重；水大不调，举身胮肿；火大不调，举身蒸热；风大不调，举身掘强。百节苦痛，犹被杖楚。"[①] 又如心理方面，受各种因素影响，从而心怀悲哀、忧愁、恐怖、愚痴等各种苦恼。这些身心病痛之苦可以说都是人生常见之苦。

（4）死苦，主要指人在生命终结时身体和精神所感受到的苦。生命的终结或因衰老病痛而寿终，或因事故灾难而命亡，无论是哪一种方式，死亡对人生而言都是一种莫大的痛苦。死亡是必然的，面对这种必然，人的精神上一直有一种莫大的焦虑。这种精神上的巨大压力，同样是一种莫大的痛苦。

（5）怨憎会苦，主要指事物的不期而遇对人身心造成的各种苦。例如怨恨憎恶之人或事，人们本求远离，但是这种人却常常与你相遇聚集，这种事也偏偏向你纷至沓来。类似怨憎欲离却会这种不如意之事，在人生中非常普遍，这些不期而遇的不如意之感都会造成人的身心之苦。

（6）爱别离苦，主要指事物的期而不遇对人身心造成的各种苦。例如对所爱之人，像父子、兄弟、夫妇、朋友等，人们总是

---

① ［唐］释道世撰，周叔迦、苏晋仁校注：《法苑珠林校注》，中华书局，2003年，第1982页。

希望相亲相爱，共处不离，但是这些人却常常终得别离。或父东子西，或兄南弟北；或骨肉分途，或生死离别。对于所喜爱的事物，同样也是如此。类似这样欲留却离的不如意之事，在人生中同样非常普遍，这些期而不遇的不如意之感也会造成人的身心之苦。

（7）求不得苦，主要指面对世间一切事物，人心有所欲求却不能得而产生的各种苦。人生常常会有许多需求、喜好和欲望，却又往往得不到满足，甚至求之愈甚得之愈难。这种求而不得的失落心绪，会给人的身心造成无尽之苦。

（8）五取蕴苦，也称为"五盛阴苦"。此苦被看作根本苦，概括了一切苦的根源所在，且从字面上不易理解其内涵。因此，这里有必要对此苦做一番详细解释。

"五取蕴"一词是由"五蕴"和"取"两个概念融合而成。这里"蕴"为梵语意译词，旧译作"阴"，意指聚积。所谓"五蕴"，就是指聚积构成一切事物的五种要素，即色、受、想、行、识。其内涵分别如下：色，指有形之物质，例如人之肉体；受，指心理之感受，例如人之苦乐喜舍；想，指内心之想象，例如人心中之形象、思想、概念等；行，指心中之意志，例如人依想象取舍而生起的善恶行为心理；识，指心之识，即心的认识作用，例如人心的分别、判断、认知等功能。"五蕴"中色蕴属于物质，受、想、行、识四蕴属于精神。佛教认为，人就是由这五种要素积聚而成，所以许多时候"五蕴"也成为人的代称。"取"在这里则指执着，"五蕴"和"取"相结合便会产生种种贪念、种种欲望、种种执着，故称为"五取蕴"。如果人们总是以自我为中心的心态去执着于"五蕴"，则必将一切皆苦；而令人遗憾的是，芸芸众生恰是如此。因此，佛教认为人生的根本特征就是苦，而苦之根本就在五取蕴苦。

从以上分析可以看出，八苦分类大致可以分为三个层次：第一层是生、老、病、死四苦，这四苦主要涵盖个人身心之苦；第二层是怨憎会、爱别离、求不得三苦，这三苦主要涵盖人与人交往所产生的苦，即人在社会生活中出现的苦；第三层是五取蕴苦，是人对"五蕴"构成的生命本身的贪恋执着而产生的苦，可以说是对前七苦的概括，既是苦的根本，也是苦的根源。可见，对各类事物的执着，是各种各样苦的根源所在；而对"五蕴"的执着又是对其他各类事物执着的根源，因此也是其他各类苦的根源。所谓"烦恼障品类众多，我执为根，生诸烦恼"[①]，说的正是这个意思。从这个角度来看，可以说"苦"在人生中是普遍存在的。

二、集谛

"集"是招聚、集合的意思，集谛是关于人生本苦之原因的真理。如果说苦在人生中是普遍存在的，那么苦的产生又是由哪些条件聚合而成的呢？简言之，佛教在确认了人的根本特征是苦之后，必然需要进一步探讨和解释产生苦的原因，而这正

---

① ［唐］释窥基：《成唯识论述记》，《大正藏》第43册，（台北）新文丰出版股份有限公司，1992年，第235页。

是集谛要回答的问题。佛教关于产生苦的原因的探讨内容相当丰富，其中"十二因缘"说和"业报轮回"说尤具代表性，下面重点介绍这两个理论。

1. 十二因缘

因缘，是因与缘的并称。因，一般指引发结果的内在直接原因；缘，一般指引发结果的外在间接原因。不过，"因缘"并称也常常泛指产生结果的一切原因。佛教认为，一切事物或现象的产生都是有原因的，或者说是有条件的。一切事物或现象只有在一定条件下才能生起，这就叫"缘起"。因此，十二因缘也称"十二缘起"。人生之苦的产生也是有一定原因的，前面提到人生之苦的根源在对"五蕴"的执着，那么这种执着是因为哪些条件而生起的呢？在佛教的众多论述中，一个代表性的答案就是十二因缘。

十二因缘包括无明、行、识、名色、六处、触、受、爱、取、有、生、老死。这十二个环节构成一个前后相续的因果链条，用以说明人之生死流转的因果联系，从中可以看到人生中生起"五蕴"执着的因缘所在。此十二因缘可以说是佛教对生命现象的一个总结。需要注意的是，十二因缘是根据人生相续发展的不同阶段的不同特征所进行的区分，并不是按照时间先后顺序来划分。十二因缘之间并无先后之分，只有因果相续，循环往复，无始无终。不过，从这一因果规律中不难发现，无论怎样循环往复，人生的因果链条中都会出现"爱"和"取"，也就是"贪爱"与"执着"；而从十二因缘因果关系来看，这种"贪爱"与

"执着"其根本还是对"五蕴"的执着。如果进一步分析十二因缘，可以发现造成"爱"和"取"的最主要环节就在"无明"，即对于人生实相的无知。因为"无明"才会有"行"，以至有"爱"和"取"，以至有"老死"。因此，从这个意义上也可以说，人生之苦的总根源就在"无明"。按佛教史的记载，释迦牟尼悟道时正是看到了这一点，才最终找到了解脱人生之苦的根本方法。

2. 业报轮回

十二因缘因果链条已经展现了人生无限轮回的过程，只是其重点要说明的是其中的因果关系。在这个无限轮回的过程中，还有一种力量发挥着重要作用，这个力量就是"业力"。

"业"梵语音译作羯磨，意译为造作，通俗讲就是指行为。"业"一般可分为三类，即身、口和意三业。身业表现为身体上的行动，口业表现为语言对行为意志的表达，意业表现为内心欲行某事之意志，三业基本涵盖了人的一切身心活动。当然，佛教所谓的"业"，并非仅仅指人的行为，同时还强调，人的身、口、意三业所含的一切行为，都会有一种引起未来因果报应的力量，这个力量就称为"业力"。佛教认为，行什么样的业，得什么样的报，善业有善报，恶业有恶报；而且业力是不会消失的，迟早都会报，或在此世报，或在他世报。佛教还认为，一切善恶苦乐等因果报应，其实都是由业力所致，因此有"业力不可思议"之说。这一现象就称之为"业报"。

"轮回"音译作"僧娑洛"，其意为流转、轮转等，指众生由于业力影响而在六道中流转生死，如车轮旋转，循环不已，永无止境。轮回本为古印度婆罗门教主要教义之一，佛教吸收了这一思想并加以发展，注入自己的教义，使之有了新的内涵。例如婆罗门教认为四大种姓于轮回中生生世世永袭不变，但佛教则主张业报之前，众生平等：下等种姓今生若修善德，来世可生为上等种姓，甚至上天界；而上等种姓今生若有恶行，来世则将生于下等种姓，乃至下地狱。显然，生命轮回深受业力报应的影响，"业，体现着力量和作用，功德和过失，是决定再生的形态和性质的法则"[①]。根据这一业报轮回的法则，佛教认为众生依据善恶行为报应的不同而有六道轮回，也就是有六种再生的形态。这六道包括地狱、饿鬼、畜生、阿修罗、人、天。六道的前三道又称"三恶道"，后三道又称"三善道"。值得注意的是，此六道不过是对世间"有情"种类的一种大致划分，虽然不同的善恶业报会进入不同的轮回之道，但善恶之业是有着巨大的程度差异的，因此，即使生于同一道中也会有千差万别。所以在佛教看来，人生的贫富贵贱之别，也正是这种业报轮回造成的。

综合"十二因缘"和"业报轮回"两说，我们可以看到人生本苦的主要原因所在。从人生生死流转的过程来看，"爱"和"取"是必然出现的两个环节；这两个环节可以简称之为"执着"，而"执着"恰恰是造成人生之苦的直接原因。人若有了"爱"和"取"，就会积极地去追求所爱和所取，这样就会产生一系列相应的行为，而人的任何身心行为都会产生业力；这种业

[①] 方立天：《佛教哲学》，中国人民大学出版社，1991年，第89页。

力又会推动人的生命不断轮回,而每一次轮回中都会再次出现"爱"和"取",都会不可避免的出现"执着"。因此,人生之苦是普遍且必然存在的。当然,如果进一步分析还可以发现,每一次轮回中"爱"和"取"的必然出现,其实是与人们无法看清人生和世界的真相密切相关。也就是说,"无明"才是引发"爱"和"取"的根本原因,才是推动生命轮回的根本条件。

三、灭谛

灭谛是关于灭尽人生之苦形成之原因的真理。"灭"是灭尽、熄灭之义。既然人生之苦的根源在执着,而引发执着的根本原因在"无明",那么只要灭除众生因"无明"而生成的执着,就能灭除因执着而引发的业力,也就能使众生跳出业力驱动的轮回,达到解脱人生之苦的境界。佛教将这一境界称之为"涅槃"。

"涅槃"是梵语音译词,也译为"泥洹""涅槃那""捉缚南"等,意译为灭、灭度、寂灭、解脱、圆寂等。"涅槃"一词原意指火的熄灭或风的吹散状态,如灯火熄灭可称为"灯焰涅槃",后引申来指灭尽燃烧烦恼之火,达到觉悟菩提之智的境界。这一境界也就是灭尽无明、执着,超越生死轮回,解脱人生之苦的境界。正如《杂阿含经》卷十八所说:"贪欲永尽,嗔恚永尽,愚痴永尽,一切诸烦恼永尽,是名涅槃。"这一境界正是佛教追求的终极目的。因此,从这一角度来看,灭谛其实是在告诉人们:如果说人生根本特征是苦的话,那么要想从人生之苦中解脱出来,就需要达到涅槃境界这一终极目标。也就是说,佛教为解决或超越人生之苦的问题,给出了一个可以实践的答案。

涅槃的分类方式很多,早期较为流行的一种分类方式是分为有余涅槃和无余涅槃两种。所谓"有余涅槃",全称"有余依涅槃",这里的"依"指依身,即人之身体。早期佛教认为,一个修行者如果灭除一切执着而证得涅槃境界,即已灭除生死轮回之因,但是其前世业报所造成的身心依然存在,即生死轮回之果尚在,相当于"五取蕴"中"取"已灭尽,但"五蕴"尚存,这是不彻底的涅槃,故称其为"有余涅槃"。所谓"无余涅槃",全称"无余依涅槃",是"有余涅槃"之对称,指一个修行者不仅已灭除一切执着,即生死轮回之因已灭尽,而且作为生死轮回果报的身心也已灭尽,即彻底的"灰身灭智",是为"无余涅槃"。《成实论》卷十三云:"得有余泥洹,则垢心灭;得无余泥洹,则无垢心灭。"所以,无余涅槃其实质就是身心智俱灭的终极境界。早期佛教认为,听闻佛陀教诲的世间修行者,他们在世间能达到的最高果位是阿罗汉。所谓"阿罗汉",即指已断尽一切烦恼,超越生死轮回,但为教化众生仍留在世间,故得受世人供养而被尊为圣者的修行者。显然,阿罗汉所达到的境界即是有余涅槃境界,其后若能进一步"灰身灭智",才能达到无余涅槃的最终境界。

后期佛教对涅槃内涵又做了进一步阐释,中观学派的观点认为,灭尽一切烦恼的关键在于正确认识一切事物的"实相"(就是真相或本然),并在实践中加以运用,如此便可达到涅槃境界。从这个角度来说,涅槃境界就是对实相的认识和运用,这种涅槃被称为"实相涅槃"。世间一切事物、现象都以空为实相,涅槃的实相也是空,因此在追求灭尽一切烦恼境界的过程中,就要既不住于生死因果,也不住于涅槃境界。世间与涅槃其实是无差别的,这种涅槃被称为"无住涅槃"。正如《中观论颂·观涅槃品》所云:"涅槃与世间,无有少分别;世间与涅槃,亦无少分别。涅槃之实际,及与世间际;如是二际者,毫无厘差别。"

概而言之,灭谛为如何解脱人生之苦这一问题,确定了一个解决方法,即达到涅槃境界这一目标即可。

四、道谛

道谛是关于达到涅槃境界的方法和道路的真理。这里的"道"即道路、方法的意思。既然实现解脱人生之苦须达到的目标已经确定,那么如何达到这一目标便成为最后的关键。早期佛教将达到涅槃境界的一系列方法归纳为"八正道",即正见、正思维、正语、正业、正命、正精进、正念、正定。"八正道"基本是从身、口、意三个层面对佛教修行者的日常思想行为的正确实践方式进行了归纳概括,它是早期佛教修行中通往涅槃终极境界的重要方法。"八正道"又常常被归纳为戒、定、慧"三学"并加以引申,因此,"三学"也成为修行者欲达到涅槃境界必须学习的方法。若以"三学"来论"八正道",则正语、正业、正命就是戒学,正念、正定就是定学,正见、正思维就是慧学;正精进就修行的态度而言可贯通"三学",但就其根本特征而言其也是慧的一种呈现,所以也可归于慧学。从"三学"的角度来归纳修行的道路和方法，其内容又有着不一样的特点。

戒学，又称"增上戒学"，是关于戒律的修学。"戒"为梵文意译，音译为"尸罗"。戒律是为出家和在家修行者制定的纪律规则，以防行为、语言、思想等方面的过失；戒律同时也是一种修行方法，其根本要义在于止恶从善，从而使修行者能在"正道"上前进。佛教早期戒律有在家、出家、男女之别，一般而言，出家的比丘有二百五十戒，比丘尼有三百四十八戒，在家修行者主要有五戒和八戒。五戒是在家修行者必须受持的戒律，即不杀生、不偷盗、不邪淫、不妄语和不饮酒。八戒也称八斋戒、八关斋戒，是在家修行者于六斋日需要受持一日一夜的出家戒律，即不杀生、不偷盗、不邪淫、不妄语、不饮酒、不以华鬘装饰自身且不歌舞观听、不坐卧高广华丽床座和不非时食。六斋日是指阴历每月八日、十四日、十五日、二十三日、二十九日、三十日，在家修行者可在这六日中的任何一天暂时离开家庭，赴僧团居住与出家人一起过出家人生活，并受持八戒。显然，八戒要比五戒更为严格；不过，五戒是在家修行者须终身受持的戒律，而八戒则是临时受持的戒律，可以是六斋日中的一天，也可以是几天或六天，相对比较灵活。随着佛教的发展，戒律也在发展之中，但无论怎样发展变化，其根本目的还是在于引导修行者走在一条正确的修行道路上。

定学，又称"增上心学"，是关于禅定的修学。"定"是梵文意译，其音译为"三昧""三摩地"，指心专注于一对象而达于不散乱的精神状态。禅定是古印度多种文化派别都提倡的修行方法,是一种希冀借助凝然寂静之特殊精神状态获得大智慧的方法,只是各派具体阐释各有不同。早期佛教的定学主要指的是四禅定。四禅定也称为"四禅",分别为初禅、二禅、三禅、四禅,其具体内涵如下:初禅,即禅定的初级阶段,于禅定之中渐去情欲,以至于消除不善心,并因情欲与不善之远离而生欣喜与安乐;不过,此一阶段于对象尚有分别,于内心尚有思虑,故于表面方面尚未达到沉静,此阶段为制伏内在情欲的阶段。二禅,即于初禅的基础上,进一步安住一想,以达到表象的沉静,并因表象的沉静而获得一种更高的欣喜与安乐,此阶段为进一步制伏外在表象的阶段。三禅,即由二禅更进一层,舍离欣喜和安乐,达到完全安静的境地,获得轻安的妙乐,进入正念和正智的阶段;但此时尚有身体上妙乐的感觉,只能算获得大智慧的初始阶段。四禅,即由三禅再进一步,完全超越苦乐之心,超越身体之愉,以至于身心的存在都已忘却,达到完全舍念清净的境界,湛然如明镜止水,这即是涅槃境界。随着佛教的发展,禅定的方法出现了多种类别,不过,无论怎么变化,佛教一直视禅定为达到涅槃境界的最重要方法之一。

慧学,又称"增上慧学",是关于智慧的修学。"慧"是梵文意译,音译为"般若"。佛教认为"慧"能通达真理,决断疑念,观达真理,断除妄惑,从而根绝无明烦恼,获得解脱。[①]因此,佛教修行最重要的目的便是要获得觉悟的智慧,如此便能超越执

---

① 方立天:《佛教哲学》,第122页。

着，达于涅槃境界。佛教早期将修学智慧分为三种方式，即闻慧、思慧和修慧。闻慧，即通过闻见经教而得来的智慧；思慧，即通过思考佛理而得来的智慧；修慧，即通过修行佛法而得来的智慧。三者常合称闻、思、修"三慧"，需要注意的是，"三慧"并不是说般若智慧有三种，而是指获得般若智慧主要有这三种路径。

从以上分析不难发现，"三学"中以慧最为重要，戒和定都是获得慧的手段。只有获得慧，才能达到最终解脱的涅槃境界。所谓戒、定、慧"三学"，可以说基本概括了佛教的全部要义，也基本包含了佛教修行的全部法门，这正是道谛想要呈现的内容。

此外，需要注意的是，由"四谛"说延伸出来的几个重要观念，对理解佛法有着非常重要的帮助，这里有必要进行补充说明。佛教认为，人生之所以有执着，其中一个非常重要的原因，是人们看不清世间万事万物的真相。所以，佛教对世界的真相是什么有自己的一套看法，这套看法也可以称作佛教的世界观。其中有两个核心观念，我们来了解一下。

第一个是"缘起"。"缘"指条件和关系，"起"指"兴起"。所谓"缘起"就是指世间一切事物和现象都是因条件而兴起，都是有相互关系和相互条件的。条件在此物在，条件变此物亦变，所以世间一切事物和现象没有什么是不变的。正如《杂阿含经》所言："此有故彼有，此生故彼生，此无故彼无，此灭故彼灭。"[1]这就是"缘起"。第二个是"性空"。通过"缘起"可知事物的一

---

[1]《杂阿含经》卷十，《大正藏》第2册，第92页。

个基本特点,即没有一个事物是永恒不变的,佛教称之为"诸行无常"。"无常"就是"不恒常"。既然没有事物是永恒不变的,那么任何事物都不会存在一个不变的主体,佛教称之为"诸法无我"。"无我"就是"无自性""无不变之主体"。"诸行无常""诸法无我"合在一起就是"空"。所谓"空",通俗地讲就是一切事物和现象都是在不断变化着的,任何事物都没有一个不变的主体。世间万物的这一特性,可称之为"性空"。佛教认为,"缘起"和"性空"是万物的根本特征。

佛教认为,从"缘起性空"这一根本特征去观万事万物,才能看清它们的真相,这一观事物的方法可以称为"空观"。从空观往下推导,很容易得出一个结论,就是通往觉悟的方法是没有固定方法的,因为没有哪一种方法是永恒不变的,是适合所有人的,佛教常常称之为"法无定法"。

综上所述,"四谛"说作为佛教的基本要义,回答了佛教文化的最基本问题,即什么是人生的根本?人生为什么会如此?从如此人生中解脱出来需达到之目标?如何达到解脱之目标?"四谛"说是释迦牟尼所讲佛法的核心要义,至今依然。

第三节　佛史演义

释迦牟尼一生在列国之间传教,僧团人数不断增加。因为印度各地的语言状况、文化情况都不一样,所以释迦牟尼允许弟子们用自己的语言学习佛所说的话，这就造成佛教传播过程中的复杂情况。随着佛教僧侣不断增多，不同的人对佛教教义的理解也会有些偏差。当释迦牟尼在世的时候，如果出现问题，可以去找佛陀决断；但当释迦牟尼去世之后，许多问题就变得复杂起来。佛教在印度的发展大致可分为四个阶段：原始佛教、部派佛教、大乘佛教和密教时期。

一、原始佛教（前 6 世纪—前 4 世纪）

原始佛教指释迦牟尼创教和弟子相继传承时期的佛教，时间上一般以释迦牟尼成道后第一次向五比丘说法算起，到世尊入般涅槃后的一百年内，即公元前 6 世纪到公元前 4 世纪之间。原始佛教也称早期佛教或初期佛教。这一时期佛教传播的内容以释迦牟尼在世的理论为主，佛的根本教义、教团生活、修习等方面基本没有发生变化。

1. 传教与涅槃

释迦牟尼二十九岁出家，三十五岁悟道，八十岁涅槃，成道后，四十五年间奔波于列国，恒河流域的许多国家都留下了释迦牟尼的足迹。在当时，婆罗门教在恒河上游地区势力较大，而在恒河中下游力量薄弱。对后一区域，雅利安人并未完全征服。十六大国风云激荡，新兴的沙门思潮势如潮水，刹帝利和大富豪商人崛起，互相迎合，互相支持。释迦牟尼的学说就是在这样的土壤中生根结果的。

释迦牟尼的弟子包括各个阶层，上至国王、婆罗门贵族、大富豪，下至普通的民众和被压迫的低级种姓，甚至还有乞丐、妓女。其中在鹿野苑"初转法轮"度化的憍陈如、阿说示、跋提、十力迦叶、摩诃男拘利五比丘是释迦牟尼的第一批弟子，也是最早的僧团组织。此后，释迦牟尼又度化婆罗门长者之子耶舍及其四友、五十童子，迦叶三兄弟及其弟子一千人，释迦族众人，舍利弗、目犍连及其弟子二百五十人等等。据经典的说法，平时常随听闻佛法的有一千二百五十人，其余弟子更是众多。早期僧伽成立时，并没有制定团体的一定规则。后来僧团的组织情况变得复杂，不得不随着问题的发生，随时制戒，逐渐形成了较为完备的佛教戒律。

在八十岁左右，释迦牟尼于末罗国拘尸那罗城外的娑罗树林去世。佛陀遗体火化后，各国闻讯纷纷派遣使者请求分得一份佛陀舍利。在陀那婆罗门的主持下，佛陀舍利被平均分作八份，由摩揭陀的阿阇世王、吠舍离的离车族、迦毗罗卫的释迦族、阿罗伽波的跋离族、罗摩伽摩的拘利族、毗陀洲的婆罗门、波婆城的末罗族、拘尸那罗的末罗族各得一份，并建塔供奉。

2. 佛经结集

佛教经典不是一个人的创造，也不是一个时代的产物。释迦牟尼的教法原本没有文字记录，现存佛教经典中哪些由释迦牟尼口述、属于他本人的思想，目前很难考证。释迦牟尼生平的教诫，在很长一段时间里，都是以弟子口耳相传、背诵记忆传播。把这些为数众多的以佛陀名义流传的言论汇集起来，经过僧众共同讨论、审定，最终形成大家一致认可的经典，这就是佛教经典的结集。

释迦牟尼涅槃后,摩诃迦叶成为第一代付法藏者(教团首领)。据巴利文《律藏·小品·五百犍度》等文献,佛陀入灭时,迦叶正率五百比丘赶往拘尸那罗城途中。他听闻佛陀涅槃已七日,感到"诸行无常,如何得常"。因此,在释迦牟尼去世后不久,为了让佛陀言教久住世间,同时增加教团凝聚力,防止释迦教法为邪曲假说所窜乱,僧伽推选释迦牟尼亲传弟子五百阿罗汉纂集佛陀生前的言论。在摩揭陀国阿阇世王的供养、护持下,五百阿罗汉在王舍城郊外的七叶窟住雨安居并举行会集。

佛教的第一次结集,又称"五百结集",由摩诃迦叶主持;方式是会诵,即指定一人背诵佛说,大家审定,公认是佛说的就把它固定下来。在第一次结集中,五百阿罗汉公推阿难诵出诸经(修多罗),优婆离诵出戒律(毗奈耶)。迦叶依次询问说法或制戒的因缘、地点、人物、内容等等,阿难、优婆离随问而答之。在场的阿罗汉听到法藏、戒律,与自己的智慧、记忆相印证。随后,迦叶再逐个询问五百阿罗汉,是否如阿难或优婆离所说,以汇集五百阿罗汉的审定意见。通过审定的经、律,再进行分门别类的整理、编次。

关于第一次结集经律所使用的语言,目前所知甚少。据巴利文《律藏·小品·小事犍度》中记载,曾有两个出身婆罗门的比丘,因诸比丘名、姓、生、族不同,使用的语言各异,请求将释迦牟尼的语言转为当时印度的雅言(梵语)。释迦牟尼呵斥他们,并告诫众比丘不得将佛语转为雅言,比丘可以用自己的语言学习佛语。早期佛教徒国籍、种姓各各不同，且在传教过程中使用当地的语言，因此五百结集中记忆诵出的经律的原始语言，难以确知。

大约在佛灭百年间，按各部派的一致意见，经藏被编成阿含（意译法归）或经集，律藏也已经成形。

二、部派佛教（前4世纪—1世纪）

部派佛教是原始佛教分裂而成的各教团派别的总称，时间从公元前4世纪中叶到公元1世纪左右。佛灭百年后，僧团内部因性格、见解、师承、地域等原因，开始形成不同的教团。这时佛教开始出现分化：由于口头传播以及分散传播，文化叙述差异会造成对传播教义的差异；当差异不断扩大时，便开始出现分裂。

1. 分裂

佛教史上的第一次分裂，是由戒律上的分歧而引起的。据巴利文《律藏·七百犍度》《大王统史》《岛王统史》等文献记载，佛灭百年后，印度东部吠舍离跋阇族比丘提出十条关于戒律的新主张（佛教史上称为"十事"），遭到西方比丘的反对。当时佛教西方系的长老耶舍集合了一批西方佛教大德（如三浮陀、离婆多等长老及波利邑、阿盘提等地的阿难弟子）来到东方和东方教徒进行辩解。东西方七百上座（长老）比丘在吠舍离的波利迦园集会，双方各推举四名长老进行论辩。依《七百犍度》，这八位长老是：一切去、沙兰、不阇宗、婆沙蓝、离婆多、三浮陀、耶舍迦乾陀子、修摩那,又增入阿夷头比丘。论辩的过程是离婆多问律于一切去,一切去分别答"十事"是否如法(所谓"净")、何处受禁、犯何罪。其结果是七百上座比丘共同判定"十事"为邪法、邪律而离师教(违背释迦牟尼所制律制),从而统一了对经律的认识(尤其是律藏)。这是佛教史上的第二次结集,也称"七百人结集"或"吠舍离结集"。

据《岛王统史》记载,第二次结集后,被上座放逐的跋阇族比丘心有不满,另外组织了一次结集,称"大结集"。这次集会人数众多,属于大众比丘集会。一万比丘同样采用会诵的方式订正经律。一般认为,佛教自此发生根本分裂,并由此形成上座部和大众部两系。佛教分裂为大众部和上座部以后,分歧仍然存在于两系内部。佛灭两百年后,两部又发生分裂。据《异部宗轮论》记载,部派佛教计二十部,其中大众部分出九部,上座部分出十一部。南传佛教史料《大王统史》《岛王统史》等则记部派佛教十八部。其中,由大众部先分出鸡胤部、一说部,又从鸡胤部分出说假部、多闻部,再从大众部分出制多山部。大众部系统计六部。上座部分出化地部、犊子部,犊子部分出法上部、贤胄部、六城部、正量部,化地部分出说一切有部、法藏部,又从说一切有部分出饮光部、说转部、经量部。上座部系统共十二部。

2. 差异

原始佛教注重解决人生问题,而对与实践无关系的论说不太重视。部派佛教往前走了一步,对世间万物的有、无、假、实等问题都提出新的主张。这里择要介绍上座系与大众系在理论上的分歧。

首先是佛陀观的问题。原始佛教认为释迦牟尼是人不是神，在当时看来，释迦牟尼是大沙门、大比丘、大解脱者。他的说教是终极真理，他本人则是真理的发现者和修行的导师。上座部延续早期佛教关于释迦牟尼的看法，倾向于把释迦牟尼看作是历史中的人物。在上座部和由它产生的说一切有部那里，释迦牟尼被称为"圣人"。大众部把释迦牟尼逐渐神化，把他当作是一个神，而不是普通的一个人。大众部提出"法身佛"的概念。他们强调，佛的肉身虽然灭度，但法身一直存在于世界中，而且是超越时间、超越空间的永恒存在。佛以不同的形象出现在不同的地点，以不同的人物帮助人们普度众生，但这都是他的假身份。总之，佛祖是一个神，永生永世不会消失。

其次是世界观问题。部派佛教对世界万物的有、无、假、实等问题进行了极为细致的探讨。所谓"实有"和"假有"指的是他们怎么看世界的问题，这是教理争议的核心问题之一。原始佛教认为人生是痛苦的，但是他们认为世界仍然是实存的。上座部延续了这一看法，各派大致倾向说"有"，但主张各异。例如犊子部认为诸法不完全是刹那生灭，有些法是暂住的；经量部认为一切色法均属假有，而且不承认三世实有；说一切有部则以"说一切有"而得名。大众部内部虽然有各种分歧，但都倾向于认为世界是虚无的、假有的、不实的。例如说出世部认为，世间万物都是颠倒不实的，因此世间万物都只是假名而已。

再次是心性观问题。心性本净和性本不净是佛教修行、解脱的理论根据问题。早期佛教将生死流转的过程分为十二个环节（十二因缘），认为人是由于前世无明造业才转生此世的，因此人一出生就有烦恼，就有贪、嗔、痴的本性。大众系认为心性原本是清净的，只是受到客尘烦恼污染才不洁净；因此需要修道，将污染清除，断除烦恼，使本净的心性显现出来，这就是解脱。上座系的化地部也持此观点。说一切有部反对心性本净说，认为"此不应理"。他们认为心性是杂染的，随眠和缠都是烦恼，并无现行、习气的分别。染心不能得到解脱，但心也有离染向净的一面。说一切有部将心分为杂染心和离染心，认为只有去掉杂染心，实现离染心，才能得到解脱。

这期间的阿育王（约前268—前236年在位）时代，佛教在华氏城举行了第三次结集，并开始向印度以外的地区传播佛教。

三、大乘佛教（1世纪—7世纪）

公元1世纪左右，印度出现了大乘佛教的思潮。部派佛教兴起后，各个部派对解脱道都提出了与以往不同的解释，其中蕴含着新的思想因素。这些思想因素积累到一定程度，配合大乘经典的出现，通过大乘信仰者的推动，最终引发了一场大乘佛教的运动，从而与部派佛教区别开来。大乘佛教兴起之后，部派佛教仍然存在且继续发展。

1. 小乘与大乘

大约在1世纪中叶，在案达罗王朝与贵霜王朝的分裂统治下，印度南部地区出现了撰造佛教新经典的运动。当时部分僧侣感到不仅要对原始经典做出解释，而且要对整个佛教有全面复述。他们对当时僧团因循守旧、门户森严的现状严重不满，借助释迦牟尼的威望，以"如是我闻"的形式，把前三个多世纪以来各部派佛教特别是大众部各派创造出来的佛教新思想集中起来，并突破原本各派之间的分歧与矛盾，对佛教理论重新组织贯通，改写经典或写出新经典（《般若经》《华严经》《法华经》《无量寿经》《维摩诘经》等）。这些新经典的编撰者们，为了使他们主张的这些新思想与先前的佛教教义区别开来，自称经过加工的佛教新理论为"大乘佛教"，而把部派佛教及原始佛教的思想贬称"小乘"。

所谓"乘"，就是车乘。大乘的意思是能装很多人的大车（运送众生到达涅槃），小乘的意思是只能装自己的小车。大乘又叫菩萨乘，主张要将众生从此岸生死运载至彼岸觉悟成佛，因此贬低主张自我修行解脱（独善其身）的声闻和独觉是小乘。在判教的过程中，他们认为早期佛教只是佛陀对浅根下愚者的权便说法，并不究竟。持原始佛教和部派佛教观点的僧侣坚决反对这一说法，他们不承认自己是小乘，而认为自己恪守佛陀教法是正宗；他们批评大乘佛教的教义是杜撰的，并非释迦牟尼所说，斥其为外道、魔说，又将大乘佛教的信奉者摈出僧团。两派遂发生分裂。

应当指出，大小乘佛教不是截然对立的，部派佛教中的许多理论都对大乘佛教的兴起和发展有重要的影响。因此，大乘佛学对部派佛学有继承的关系。但是，大小乘的区别又是真实存在的。大乘佛教大幅更新了佛教的早期理论，它是在批判继承此前佛教教义的基础上取得了新的发展，因此在整个面貌上与早期佛教教义形成鲜明的对比。一般地说，小乘佛教主张自度（个人解脱），大乘佛教主张兼度（自我解脱之后还要帮助他人解脱）。小乘佛教倾向于固守原始教义，认为佛说都是实在的、根本不变的。大乘佛教把权宜、善巧方便提到很高的地位。大乘佛教对经典的阐释较为灵活，对于佛法的理解偏向融通；在弘法的过程中适应世俗，对于佛说有很大的发挥。大乘佛教也吸收、调和了其他学说的观念，具有很强的适应性。

2. 中观学派和瑜伽行派

大乘佛教中观学派的创始人为龙树。关于龙树生平事迹的材料，主要见于鸠摩罗什翻译的《龙树菩萨传》、玄奘《大唐西域记》等文献。龙树一生著述丰硕，有"千部论主"之誉。汉译二十余种，但其中也有一些伪书，《中论》《六十颂如理论》《七十空性论》《回诤论》《广破论》《宝鬘论颂》一般视为龙树作品，《十二门论》、《大智度论》（又称《智论》《大论》，为论释《大品般若经》之作）、《十住毗婆沙论》（《华严经·十地品》的释论）、《菩提资粮论》等尚有争议。《中论》是龙树最重要的作品。《中论》对"中观"下一定义，道破全书要义："众因缘生法，我说即是空，亦为是假名，亦是中道义。"（《观四谛品》）《中论》系统发挥般若空观的思想，阐述了"八不中道"和"实相涅槃"的理论。所谓"八不中道"，即论首所说的："不生亦不灭，不常亦不断，不一亦不异，不来亦不出。能说是因缘，善灭诸戏论。我稽首礼佛，诸说中第一。"所谓"实相涅槃"，意思是以认识诸法实相为涅槃的内容。《中论·观涅槃品》说："分别推求诸法，有亦无，无亦无，有无亦无，非有非无亦无，是名诸法实相。"龙树之后，他的弟子提婆继续发扬大乘思想。提婆的著作有《四百论》《经百论》《百字论》等，他的弟子罗睺罗跋陀罗还有《赞般若寄》《法华略颂》等作品。

中观派以龙树为始祖，经提婆、罗睺罗跋陀罗等人发扬，6世纪以后分为以佛护、清辨为代表的一支，和以清辨、观誓为代表的一支，迄印度大乘佛教末期，一直发挥着重要的作用。在我国，中观学说由后秦鸠摩罗什系统翻译介绍，为隋唐佛教宗派的建立（如三论、天台、华严及禅宗等）奠定了理论基础。

瑜伽行派由无著、世亲兄弟创立，约晚于中观派创始人龙树两百年。"瑜伽"，意译相应，指集中心念、观悟佛教真理的修行方法。瑜伽行派尊弥勒为始祖，主张"万法唯识""识有境无"，因此称为"大乘有宗"。据真谛《婆薮盘豆法师传》等文献记载，无著、世亲是北天竺富娄沙富罗国人，出身于国师婆罗门家庭，同于说一切有部出家。无著的著作有《显扬圣教论》《顺中论》《金刚经论》《大乘阿毗达磨集论》《摄大乘论》等，世亲的著作有《俱舍论》《大乘庄严经论释》《辩中边论释》《金刚经论释》《摄大乘论释》《成业论》《二十唯识论》《三十唯识论》等。瑜伽行派以《瑜伽师地论》为根本，此论传为弥勒著作，由无著记录成文。唯识论是无著、世亲学说的核心。《二十唯识论》开宗明义：

"安立大乘，三界唯识。"其要点则为："内识生时似外境现。"意思是，内识生起后有一种作用，能把识的一部分转变为心的对象，就会显现出像是在外的境界；但由于人们对"识所变"没有真实的认识，把它执为实有，其实外境并不存在。"唯心无境""识有境无"，这就是无著、世亲的唯识观。

无著、世亲以后，大乘佛教内部就分成瑜伽行派和中观学派两派。世亲之后，他的继承者有亲胜、火辨等人。难陀、安慧坚持世亲学说较多，被称作"唯识古学"；陈那注意用因明的方法发挥世亲学说，被称为"唯识今学"。7世纪以后，瑜伽行派的知名人物尚有法称、月官等人；后来就出现了吸收瑜伽行派思想的中观派，称为"瑜伽中观派"（创始人是寂护）。到公元10世纪，大乘佛教因过分的经院化已近衰微，此后只能依附密教，残存了两百年光景。

四、密教时期（7世纪—13世纪）

印度佛教的最后一个阶段是大乘密教时期。密教是佛教和印度教结合的产物，它同时也杂糅了印度本土的民间信仰，并以一种秘密宗教的形式存在着。

中观学派和瑜伽行派在论辩中把大乘佛学发挥到了极致，达到宗教理论思想的高峰。这是印度佛教思想的完成，但同时也意味着印度佛教理论的创新难以为继。鼎盛期的大乘佛学玄理幽深，所设名相、概念特多，且逐渐走向经院化，这导致大乘佛理不易为普通民众所了解、信奉。原本注重方便权宜、以普度众生为要旨的大乘佛教，逐渐脱离它赖以生存的民众基础，而成为只有少数僧侣才能弄懂的冷僻的学问。因此到了6世纪，大乘佛教不可避免地开始衰微；而此时，印度婆罗门教开始复兴。婆罗门教通过改变自身，逐渐转变成为印度教，在民众中重新获得认可，并得到笈多王朝和南印度其他国家统治者的支持。印度教全面复兴，在许多国家取代了原本佛教的位置。为了争取更多的信众，部分大乘佛教的学者开始改造大乘佛教的教义和修行的法门。他们吸收、整合外道（主要是印度教）的理论与方法，将神祇、咒语、法术、仪轨、俗信等此前不太重视甚至多数是释迦牟尼批判对象的事物大量引入佛教，从而使佛教印度教化，并最终形成了一个新的教派——密教，即秘密佛教。密教的一个显著特点是神秘主义。密教不仅宣称自己是大日如来自心证悟的最秘密、最深奥的教法，而且主张的修行方式如身密、语密、意密以及举行的宗教仪式等也都是秘密的。7世纪中叶，密教经典《大日经》《金刚顶经》相继传出。

公元8世纪，密教迎来了它的黄金时期，并在一定范围内占据了印度所有的佛教领地。这时佛教的中心已经转移到东方孟加拉波罗王朝（8世纪—12世纪）。9世纪以后，密教先后分化出金刚乘、易行乘，11世纪出现时轮乘。晚期密教一个总的倾向是由神秘主义走向肉欲主义：它在理论方面难以建树，专务琐屑玄谈，仅供少数寺院僧侣玩索；在实践方面迷信淫秽，因此在接近印度教的过程中，逐渐为印度教所取代。此时佛教已经奄奄一息，然而又有外族入侵。12世纪末，阿富汗廓尔地区的穆哈马德君主，在占领伽色尼、统一阿富汗之后，大举入侵印度，一直深入到恒河流域，消灭了继波罗王朝而起的斯那王朝。1193年，印度佛学中心那烂陀寺遭到伊斯兰军队的严重破坏，大批僧侣逃往西藏避难。1203年，印度仅存的超岩寺被焚毁，佛教在印度本土基本灭亡。

12世纪末到13世纪初，以那烂陀寺和超岩寺的毁灭为标志，绵延了一千七百年的印度佛教宣告终结，世界佛教的中心转移到了中国和斯里兰卡等地。

第二章
佛学东渐

佛教发源于印度，并于两汉之际传入中国。在中国经历近千年发展后，逐渐从一种外来文化转变为本土主流文化之一。了解佛教在中国的传播与接受历程，是我们读懂、读好《坛经》的另一重要基础。本章将从佛教入华的方式、佛教中国化的历程、佛教对中国文化的影响等方面，对佛教在中国的发展历史做简要介绍。

第一节 佛教入华

佛教于两汉之际传入中国，作为一种外来宗教，只能依附于黄老方术而传播发展。三国时期，随着佛经不断被介绍和翻译，佛教义理开始为中国人所关注；特别是玄学兴起后，佛教又依附于玄学，并开始逐步融合中国本土文化。这一发展方式，为佛教的中国化起到重要的促进作用。

一、时间路线

佛教入华的最早记载为"伊存授经"。该事件发生于西汉哀帝元寿元年,即公元前2年。学术界一般以此为佛教入华的标志。"伊存授经"最初载于《魏略·西戎传》,《三国志》注引《魏略·西戎传》云:"昔汉哀帝元寿元年,博士弟子景庐受大月氏王使伊存口授《浮屠经》曰复立者其人也。《浮屠》所载临蒲塞、桑门、伯闻、疏问、白疏闲、比丘、晨门,皆弟子号也。《浮屠》所载与中国《老子》经相出入,盖以为老子西出关,过西域之天竺,教胡。浮屠属弟子别号,合有二十九,不能详载,故略之如此。"[①] 按照此文,大月氏使者伊存来华,向博士弟子景庐口授《浮屠经》。"浮屠"即"佛陀",《浮屠经》即《佛经》。可以说,《浮屠经》的传入与汉译,标志着中国佛教的开端。因此,目前学术界多以"伊存授经"为佛教传入中原之起始。同时,值得注意的是,"伊存授经"所涉及的主人公——景庐和伊存都非佛教僧人,景庐是博士弟子(即汉代博士官所教授的学生),伊存则是一位居士。因此,严格来说,佛、法、僧三宝并未齐备,故而佛教界对于佛教入华时间的认识又有不同。

佛教界一般认为,佛教传入中原应以"永平求法"为标志。该事件发生于东汉明帝永平年间,大致在公元60至70年间。该事件在《理惑论》《四十二章经序》《后汉书》《出三藏记集》《高

---

① [晋]陈寿撰,[宋]裴松之注:《三国志》,中华书局,1959年,第859—860页。

僧传》《魏书·释老志》等诸多典籍中都有记载。[①]《四十二章经序》曰："昔汉孝明皇帝，夜梦见神人，身体有金色，项有日光，飞在殿前，意中欣然，甚悦之。明日问群臣：'此为何神也？'有通人傅毅曰：'臣闻天竺，有得道者，号曰佛，轻举能飞，殆将其神也。'于是上悟，即遣使者张骞、羽林中郎将秦景、博士弟子王遵等十二人，至大月支国，写取佛经《四十二章》，在第十四石函中，登起立塔寺。于是道法流布，处处修立佛寺。"[②]至此，佛、法、僧都已来到中原。

综上所述，虽然"伊存授经"与"永平求法"不一定是佛教入华的最早时间，但是两者都于史有征，因此被视为佛教入华的标志。事实上，佛教入华并非一蹴而就，而是逐步传入并发展的，其时间大约西汉末年至东汉初期，即公元1世纪前后。

关于传入路线，一般认为存在三种不同路线。具体来说：一是陆上丝绸之路，即通过西域诸国向长安、洛阳等地区传播；二是海上丝绸之路，即经过南海传入江淮地区；三是川滇缅道，即经过缅甸、滇国而传入蜀地。鉴于现存资料有限，学术界至今未能就佛教最早传入中国的路线形成一致观点。但是，毋庸置疑，在中国佛教发展史上，这三条路线都发挥着各自的作用。

---

① 汤用彤先生对这些不同版本的内容进行了比较分析，详见《汉魏两晋南北朝佛教史》，商务印书馆，2015年，第15—20页。
② 《出三藏记集》卷六，《大正藏》第55册，第42页。

二、早期传播

佛教入华初期的发展是艰难、缓慢且曲折的。虽然佛教在两汉之际已传入中原地区，但是佛教在中原的发展一直未产生较大影响。对此，《高僧传·摄摩腾传》曾有相关记载："但大法初传，未有归信，故蕴其深解，无所宣述。"① 摄摩腾是随着汉明帝"永平求法"而进入中原的，不过佛教义理深奥难懂，再加上两种不同文化之间的隔阂，因此，佛教传入早期少有信徒，以致摄摩腾传法"无所宣述"，最后遗憾离世。这种情况，直至东汉末年才真正有所改变。

东汉末年，政治腐败，宦官、外戚专政擅权，他们横征暴敛，贪聚无厌。百姓衣食无着，农民暴动时有发生。可以说，社会动荡不安为佛教的发展提供了有利条件。佛教的发展选择了依附于黄老之学的策略。这一策略首先表现在祭祀上，其学说背景为鬼神报应。佛教传入中国初期，汉人对佛教的理解未深，加上佛教神明不灭、阿罗汉飞行变化等主张，使得佛教成为与黄老类似的神鬼崇拜。东汉明帝时，楚王刘英学为浮屠斋戒祭祀一事，即反映了佛教传入中原初期的发展情况。其次还表现为对时人乐尚异术方技的附会。汉代僧人多习异术方技，如《出三藏记集·安世高传》载，安世高"七曜五行之象，风角云物之占，推步盈缩，悉穷其变。兼洞晓医术，妙善针脉，睹色知病，

---

① 《高僧传》卷一，《大正藏》第50册，第322页。

投药必济。乃至鸟兽鸣呼，闻声知心。于是俊异之名，被于西域，远近邻国，咸敬而伟之"[1]。安世高是汉代最具代表性的译经僧，但是，其传播教义仍需要借助异术方技，以获得更大的影响力和号召力；甚至到三国、魏晋时期，这种借助异术方技传播佛教经义的方式还有明显的影响力。

　　三国时期，佛教较汉代有了进一步发展。译经、撰述有了明显变化，转读、梵呗等佛教艺术逐渐兴起，大乘佛教般若学逐渐繁盛。具体来说，魏国、吴国的佛教发展较为典型，形成了洛阳、建业（今江苏南京）两个佛教重镇。曹魏政权对佛教的态度较为宽容，使得魏国佛教能延续汉代，得到进一步发展。外国僧人不断入华，在魏国都城洛阳从事译经活动，洛阳于是成为三国时期佛教重镇之一。印度僧人昙柯迦罗、康居僧人康僧铠、安息僧人昙帝等均于此时进入洛阳弘教，并翻译了大量佛典。其中，昙柯迦罗对曹魏地区佛教的发展尤为重要。他翻译佛教戒律，规范了北方僧人的受戒仪式，为中国佛教戒律的形成以及佛教制度的建立起到极大的推动作用。相较于曹魏，东吴佛教的发展与朝廷王室的关系更为密切，译经活动也初具规模。在支谦、康僧会等人的影响下，吴国佛教获得了极大的发展，为南北朝时期南方佛教的兴盛奠定了基础。

　　西晋佛教的发展较汉魏三国时期有明显变化。一方面，佛寺数量明显增长。据《辩正论》记载："右西晋二京，合寺一百八

---

[1] 《出三藏记集》卷十三，《大正藏》第55册，第95页。

十所。译经一十三人七十三部。僧尼三千七百余人。"[1]佛寺的大量修造改变了印度佛教"不三宿桑下"的特征，相对稳定的寺院生活为佛教僧侣提供了更为纯粹的修行空间，也逐渐形成中国佛教独特的以"寺院"为核心的修行模式。另一方面，西晋时期佛教已经渗入社会各阶层，上至王公贵族、士大夫，下至平民百姓都有相关事佛、奉佛的记载。相比汉魏三国时期的佛教祠祀活动，此时已经出现较大规模的读经、说法、浴佛法会等佛教活动，并且出现信众持斋供养等佛教生活形式。

西晋佛教最显著的特征为佛学玄学化。玄学形成于曹魏正始年间，通过对《老子》《庄子》《周易》三部著作的注释和解读，围绕"本末有无"、名教与自然等核心问题的讨论兼综儒、道，并逐渐成为魏晋时期的思想主流。玄学所论"本末有无"等观念与佛教般若学相关理念有相似之处，因此，玄学的兴起为佛教发展提供了一个绝好的机会。一方面，受玄学影响，大乘般若经籍不断被译出，如竺叔兰译《放光般若经》、竺法护译《光赞般若经》、卫士度译《摩诃般若波罗蜜道行经》等。般若经典因与魏晋玄学相关，因此，受到当时社会知识分子的关注，佛教义理也随之发展起来。另一方面，西晋译经僧多精通中原文化，他们对当时玄学问题的回应有时表现于他们译注的佛教经籍中，特别是此时的汉译佛经。其中常见"道""有""无"等概念就带有明显的玄学印迹，因此，一些佛教僧人也常被视为玄学家。佛学

---

[1] 《辩正论》卷三，《大正藏》第52册，第502页。

的玄学化有力地推动了佛教在中原的发展,并最终在东晋时期走向兴盛。

三、早期译经

尽管汉初已有《四十二章经》《浮屠经》等汉译佛典,但是,汉代大规模地翻译佛典还是在东汉后期。此时的译经僧主要有安世高、竺朔佛、支娄迦谶、支曜、安玄、严浮调、康孟详、竺大力、昙果等,其中,安世高、支娄迦谶是东汉最具代表性的译经僧人。安世高,原为安息国太子,汉桓帝初年入华传法。安世高是汉代译经僧中的代表,所译经文"为群译之首"[①]。安世高所译经文的数量,据《出三藏记集》载有"三十四部,凡四十卷"。其中,《安般守意经》与《阴持入经》是其译经代表作。安世高擅长"禅数之学",即"阿毗昙学"和"禅学",他翻译的佛典主要是印度小乘佛教经典。支娄迦谶,又称为"支谶",月支人,桓灵二帝之际游方至洛阳,并于灵帝光和、中平年间在洛阳翻译佛典。在支谶的译经活动中,天竺僧人竺朔佛是其重要的合作者。竺朔佛于汉桓帝末年来华,其译经场所亦在洛阳,多与支谶合作翻译梵文佛典。《道行般若经》是两人合作汉译的重要经典之一,此经的翻译为大乘佛法在中原的传播和发展起到重要的开拓作用。支谶与竺朔佛还合作翻译了《般舟三昧经》。《般舟三昧经》将大乘佛教"诸法性空"的理论应用到修行实践中,以修行"般舟三昧"

---

① 《出三藏记集》卷十三,《大正藏》第55册,第95页。

为主要内容,是汉末西晋较为流行的大乘佛法。

三国时期佛教的发展上承汉代之佛道,下启两晋之佛玄。佛经翻译通过支谦、康僧会等高僧的努力,得到进一步发展。一方面,佛经翻译更为准确、流畅,佛教戒律逐渐形成;另一方面,梵呗、转读等佛教艺术的兴起,为佛经的普及与传播奠定了基础。支谦,字恭明,其父本为月支人,汉灵帝时来华定居。支谦出生于河南,因汉末北方战乱不断,而南下奔吴。支谦未受具足戒,为优婆塞。在佛学修养方面,支谦承继支谶之学,极大地促进了大乘佛教的发展,据《出三藏记集·支谦传》记载:"从黄武元年至建兴中,所出《维摩诘》《大般泥洹》《法句》《瑞应本起》等二十七经,曲得圣义,辞旨文雅。又依《无量寿》《中本起经》,制赞菩萨连句梵呗三契,注《了本生死经》,皆行于世。"[1]支谦在佛经翻译以及佛教梵呗艺术等方面均有重要贡献,为南方佛教的普及和流传奠定了基础;特别是他对佛典翻译标准的思考,对中国佛教的发展有开创之功。康僧会,祖辈康居人,与支谦相似,康僧会生于汉地,自幼博览各种典籍,内外备通。他在佛学方面的贡献,《出三藏记集》载曰:"会于建初寺译出经法,《阿难念弥经》《镜面王》《察微王》《梵皇王经》《道品》及《六度集》,并妙得经体,文义允正。又注《安般守意》《法镜》《道树》三经,并制经序,辞趣雅赡,义旨微密,并见重后世。"[2]支谦和康僧会

---

[1] 《出三藏记集》卷十三,《大正藏》第55册,第97页。
[2] 《出三藏记集》卷十三,《大正藏》第55册,第97页。

虽非汉人，但是他们从小生长于汉地，熟悉中原文化。因此，他们常常借中原文化来翻译和注释佛经，尤其是对《老》《庄》重要名词和概念的引用，与当时盛行的玄学思潮相结合，为佛教的发展起到极大的推动作用。

西晋时期，佛经翻译种类繁多，大小乘佛经均有译出。其中一些佛经还是中国佛教的重要经籍，在中国佛教发展史上有重要作用。关于这一时期翻译佛典的数量，《出三藏记集》著录为一百六十七部（不包括失译经），《历代三宝记》载为四百五十一部，《开元释教录》删订为三百三十三部。西晋时期，重要的译经僧人有竺法护、竺叔兰、帛法祖、彊梁娄至、安法钦、法立、法炬等，其中竺法护、竺叔兰的译文最为流行。竺法护，其祖为月支人，八岁出家，师从外国僧人竺高座。他通晓多国语言，熟识中华典籍和佛教经籍。早年随师西行游历西域诸国，带回大批胡本佛经；其后，在敦煌、洛阳、酒泉、长安等地译出佛典一百四十九部；晋武帝末年，他隐居深山，精勤行道，僧徒达千人；晋惠帝永安元年（304），竺法护与门徒避战东下，在渑池（今属河南）患疾而卒。竺法护所译的大乘佛教相关经籍对后世影响极大，如《光赞般若经》《正法华经》《弥勒成佛经》等，均为晋时流行的经籍。竺叔兰，其祖为天竺人，出生于河南，"善胡汉语及书，亦兼诸文史"[1]。竺叔兰所译经籍有《放光般若经》《异毗摩罗诘经》《首楞严经》等。其中，竺叔兰与于阗沙门无叉

---

[1]《出三藏记集》卷十三，《大正藏》第55册，第98页。

罗所译的《放光般若经》影响极大,是晋时流传最广的《大品般若经》译本。自《放光般若经》译出后,抄写、诵读、宣讲此经成为当时的风尚,甚至鸠摩罗什据同本再译《摩诃般若经》以后,仍被当时学者讲读。

综上所述,佛教自两汉之际传入直至西晋时期,传播与发展已有三百年左右。虽然已取得一定的成果,也产生了一定的影响,但总体而言,佛教对中国社会的影响还谈不上广泛,对中国文化的影响更谈不上深入,尤其是中国主流文化对佛教的接受可以说微乎其微。这一状况直至东晋才发生彻底改变。

第二节 佛学华化

佛教发展至东晋,迎来了中国佛教发展史上的一次重要转折。自此佛教在中国的发展开始由兴盛走向繁荣,并最终从一种外来文化转变为中国主流文化之一。

一、兴盛:东晋南北朝

1. 东晋佛教

东晋时期,北方五胡十六国政权更迭频繁,南方相对稳定,因此大批僧人南渡,在南方立寺弘教,佛教得以在南方迅速发展。据法琳《辩正论》记载,东晋合寺1768所,僧尼2400人,其中译经僧二十七人共译佛经二百六十三部。在东晋,王公贵族信奉佛教已经成为一种风尚。据统计，东晋十一位皇帝中，元帝、明帝、成帝、哀帝、简文帝、孝武帝、安帝等七位都奉佛。[①]统治者信奉佛教，礼敬僧尼，建寺立庙，佛教开始成为建康皇宫生活的特色。

东晋在思想文化上仍继承西晋，大畅玄风；但是，自西晋向秀、郭象提出"名教即自然"后，玄学核心矛盾已经基本解决。玄学清谈多持旧说，甚少新意。此时，佛教高僧引起了士大夫知识分子的关注，他们精通佛理，又熟识玄学，他们为玄学注入新的风尚。例如支遁引佛教般若学"色即是空"的原理解释"逍遥"，不同于向、郭的"适性逍遥"，为当时知识分子所崇尚。同时，东晋高僧多善长玄学，如竺法汰、帛尸梨蜜多罗、康僧渊、康法畅、竺道潜、支遁、竺法义、于法兰、于法开、于道邃、慧远等，他们将玄学与佛教般若学说结合起来，形成独具特色的般若思想，摆脱了佛教依附玄学的发展状况。

东晋南方佛教发展兴盛，尤其是佛教般若学说的兴起，使南方佛教已经开始出现义学倾向，为南北朝时期南方佛教的进一步发展起到巨大的推动作用。东晋南方佛教高僧以慧远为主要代表。据《高僧传》载，慧远出生于晋成帝咸和九年（334），卒于晋安帝义熙十二年（416）。他学问广博，兼综玄释且擅长儒学，结合印度佛教教义和中国传统思想，创造性地形成神不灭论、报应论等佛学思想。他指出诸佛孔圣均是体极者，可以变化

---

① 《辩正论》卷三，《大正藏》第52册，第502页。

为诸王君子以教化众生，因此，如来孔圣、诸佛君子尽管当下呈现不同，但是最终的归趣都是一样的。正是在这样兼容的基础上，慧远结合印度佛教教义和中国传统思想，形成了具有中国特色的佛教思想体系，对佛教中国化的发展产生了深远而重要的影响。

东晋时期，活动于北方的僧人以道安和鸠摩罗什最为有名，在他们身边聚集了大批佛教僧众，形成规模庞大的僧团。道安是常山扶柳郡（今属河北）人，他的活动轨迹主要在北方——河北、山西、河南、陕西等地区，其间也曾南下襄阳十五年。道安的一生正值北方五胡十六国的频繁混战，经历了西晋的灭亡，以及前赵、后赵、魏、前燕、前秦等北方少数民族政权的相替更迭。正是在这样的时代环境下，道安大力弘扬佛教、组织翻译佛教经典、阐发佛教义理、规范僧团戒律等，成了当时著名的佛教领袖，为中国佛教的发展做出巨大贡献。鸠摩罗什则在后秦组成了庞大的僧团，主要从事佛经翻译、佛法弘扬等活动。据《高僧传·鸠摩罗什传》载，鸠摩罗什在长安译经三百余卷；《出三藏记集》卷二著录其译经数量为三十五部二百九十四卷，卷十四则载为三百余卷。鸠摩罗什系统介绍并翻译了大乘般若经典，厘清了大乘般若思想的真义，开创了佛经翻译的新纪元。他所翻译佛经不论数量还是质量，都是魏晋时期佛经翻译的佼佼者，代表着唐前中国汉译佛经的最高水平。

总之，东晋时期南北政权的对峙并没有阻止佛教的发展，反而促进佛教在大江南北的传播。在佛经翻译方面,道安、鸠摩罗什、慧远等僧团的形成,为东晋的译经事业带来了巨大的变化,译经数量和质量相较此前都有较大的提升;在佛教义学方面,佛学与玄学合流,大乘般若学六家七宗掀起了汉地佛教义学讨论的高潮;在佛教制度建设方面,佛教僧团戒律不断完善,甚至出现了我国首个僧官管理机构。可以说,东晋迎来了佛教在中国发展的第一个高峰,为佛教中国化的发展奠定了重要基础。

2. 南北朝佛教

南北朝时期,政权更迭频繁,社会动荡不安,身处乱世中的人们需要借助宗教信仰来安置身心,而作为宗教政策制定者的统治阶级也希望利用佛教的教化功能来稳固自身的统治,这是南北朝佛教走向繁荣的社会基础。与此同时,中外交流的频繁促成了译经事业的兴盛,这使得中土僧众能逐渐摆脱对"格义"的依赖,进而在深入探究佛经本旨的过程中不断改造和提升佛教的品质,使其更加贴合中土的社会文化环境。因此,在这一时期,儒、释、道之间的斗争与融合成为三教关系发展的总体趋势,佛教内部各学派之间的论争与互鉴成为佛教思想演进的主流。

南朝诸帝王出于维护统治的需要,大多能积极支持佛教的发展,但同时又对佛教进行规制,以保证其在可控的范围内。其中尤以梁武帝情况比较特殊,他是中国历史上少有的对佛教保有虔敬信仰的帝王,在他统治的四十八年间,佛教的发展达到了南朝的顶峰。据《辩正论》统计，南齐有佛寺2 015所，僧尼32 500人，至南梁佛寺则有2 846所，僧尼增加到了82 700人，足见梁代佛教之盛。北方除了北魏太武帝与北周武帝灭佛等个别极端事件外，北朝君主亦大多支持佛教的发展，据《魏书·释老志》记载，东魏时期有寺院三万多所，信徒数量更是达到二百万之巨。

南北朝时期，随着佛教的快速发展，外来佛典的译介活动也达到了一个高峰。据《开元释教录》记载，自刘宋初至陈末（420—589），近一百七十年间，南北八个朝代（宋、齐、梁、陈及北凉、北魏、北齐、北周）共有译者六十七人，译出佛典七百五十部一千七百五十卷。这一时期的佛经翻译由于受政权分裂割据的影响，表现出了南北分化发展的趋势，一些交通便利的重镇逐渐成为佛典传译的中心。东晋十六国后，北方少数民族持续内迁，敦煌、姑臧、长安、洛阳等地聚集了不少西域而来的佛教徒，他们成为北方佛教翻译的主力军；而在南方，一部分佛教僧众为了躲避战祸与政治迫害，纷纷南下，因而译经中心主要分布在建康、江陵、庐山等水路畅通的沿江城市。除了佛经翻译的繁盛外，本土佛教著述在南北朝时期也显著增多，诸如《出三藏记集》《弘明集》《高僧传》《魏书·释老志》等几部名著也对后世佛教发展产生了深远影响。

总之，佛教在经过南北朝近一百七十年的发展与传播后，完成了其从侨民宗教、异域宗教向中土宗教的转变，这就为隋唐佛教的空前繁荣提供了先决条件。

二、繁荣：隋唐五代

隋唐佛教也是中国佛教发展的鼎盛时期。首先，儒、释、道三教鼎立新局面的出现。唐代统治者有鉴于前代历史经验，根据新形势，确立了"三教并奖，各尽其用"的新方略，有效地配合了大一统国家的稳定与发展。其次，佛教文化的空前繁荣。这主要表现在译经活动的发达、佛教著述的增多以及僧侣与士大夫的频繁交流等几个层面。最后，中国佛教宗派的确立。隋唐佛教之所以辉煌，一个突出的表现就在于所谓"大乘八宗"的创立。天台宗、三论宗、法相唯识宗、华严宗、律宗、禅宗、净土宗、密宗以及曾一度流行的三阶教构成了隋唐佛教宗派的主体，这些宗派在相互影响的过程中，有力地推动了佛教中国化的进程。

1. 三教并立

隋唐时期的三教关系与南北朝相比，最大的不同就在于统一帝国所提供的资源为三教的较平等发展提供了可能。在南北朝的格局态势下，三教在不同的政权中，发展极不平衡，波动性很大，三教都没有形成一个具有凝聚力的全国性中心。隋唐诸帝王从现实政治需要出发，对儒、释、道三教一般都采取三教并用的政策，并动用国家权力来扶持宗教的发展。从阐述三教融合的具体文献来看，有两部可作为代表，一部是唐代华严宗僧人宗密所撰写的《原人论》，一部是唐代律宗僧人道宣所编写的《广弘明集》。《原人论》与《广弘明集》较集中地反映了隋唐时期关于三教融合的一般观念。

2. 译经高峰

隋唐时期的译经基本上由国家主持，译场组织渐趋完备，人员分工明确，译经的数量和质量都达到前所未有的水平。隋代的译经情况根据智昇的《开元释教录》记载："缁素九人，所出经论及传录等，总共六十四部，三百一卷。"唐代是中国译经史上的辉煌时期，根据《开元释教录》记载："自高祖神尧皇帝武德元年岁次戊寅，至开元神武皇帝开元十八年庚午之岁，兼天后代凡经一百一十三载，传译缁素已有三十七人，所出经律论及传录等，总三百一部二千一百七十卷。"其中著名译师玄奘（602—664）所译质量很高，以至于译经史以玄奘译经为界，将东汉到鸠摩罗什时代的译籍称为"古译"，将玄奘以后的称为"新译"。

除了中土僧众前往西域取经翻译外，隋唐时期也有大量西域沙门来中土襄助译经事业。开皇元年（581），隋文帝即设译场于长安大兴善寺，延请西域沙门前来译经。唐初，早在玄奘译经之前，已有印度沙门波罗颇迦罗密多罗主持译经工作，其共译出佛典三部三十八卷，并被太宗颁旨"各写十部，散流海内"[①]。随着大量佛典被译出，佛学研究在唐代也成为风气，进而出现了名目繁多、性质各异的阐释类著作，汤用彤在《隋唐佛教史稿》中就一口气列举了诸如"科文""文句""义疏""述记""玄

[①] 《续高僧传》卷三，《大正藏》第50册，第440页。

义""集注""疏抄""音训"①等八种。可以说,译介活动的空前繁盛以及人们对佛教义旨理解的加深,使得南北朝时期佛经阐释的混乱局面得到了终结,中土佛学撰述的重要性也在这一时期得到凸显。这些都最终促成了隋唐佛教的宗派化发展,并进一步推动了佛教的中国化与本土化。

3. 宗派兴盛

隋唐时期佛教发展的一个重要特点即宗派大兴。隋代的佛教宗派主要有天台宗和三论宗,唐代的主要有唯识宗、华严宗、禅宗、律宗、净土宗与密宗。天台宗又作"法华宗",是中国佛教史上创立最早的一个佛教宗派,创立者为南朝陈时智𫖮大师,因其常栖天台山,后被尊为天台大师,他的"一心三观"与"一念三千"圆教观法等对后世佛学发展有深远影响。三论宗创始人为隋代高僧吉藏,以《中论》《十二门论》《百论》为主要经典,阐明"缘起性空"的般若智慧。唯识宗是唐代创立的一个宗派,该宗通过分析"法相"而得出"万法唯识"的结论,故有此名。唯识宗奠基于玄奘而完善于窥基,由于二人都曾长期生活在长安大慈恩寺,故此宗又被称为"慈恩宗"。华严宗因奉《华严经》为主要经典而得名,该宗主要发挥"法界缘起"的旨趣,因而又有"法界宗"之名,创始人为法藏。净土宗因专修往生阿弥陀佛西方净土法门而得名,一般认为,净土宗的先驱可以上溯至

---

① 汤用彤:《隋唐佛教史稿》,吉林出版集团股份有限公司,2018年,第90—91页。

北魏时期的高僧昙鸾，但实际创始人则是唐代善导。律宗是以戒律为习传对象的宗派，以《四分律》为主要经典，创始人为道宣。

这些宗派中最具中国特色的就是禅宗。禅宗是中国化最为典型的本土佛教宗派，它的出现与成熟标志着佛教中国化的完成。由于该宗主张用禅定来概括佛教的全部修习，故而得名。禅宗成立于隋唐，极盛于唐末五代，宋元以后仍继续流传发展，可以说，它是我国流传时间最长、影响最广的佛教宗派。下一章将专门介绍禅宗，所以这里暂不做介绍。隋唐宗派的繁荣是佛教中国化走向成熟的一个重要表现。

三、融入：宋元明清

入宋以后，佛教文化已经从一个外来文化转变为本土的主流文化之一，开始完全融入中国文化之中。

1. 宋代佛教

宋朝吸取了历代佛教管控的经验与教训，对佛教既不盲目推崇，也不过分打压，通过系统化与制度化的政治手段将佛教事务管理纳入国家行政调控之中，这使得三教融合在宋代成为统治阶级、佛教僧侣和社会各阶层的共识。就佛教自身的发展来说，禅宗经过唐末五代的发展，在两宋时期成为佛教中影响最大的一派；从六祖惠能以来所强调的自证自悟、自成佛道的禅学基本思想与文字禅的逐步展开，促成了禅学对佛学各部分的整合。

宋朝继承前代传统，把佛经翻译当作国家文化事业的一部分，进而组织人力进行大规模译介活动。然而，北宋时期印度佛教已经进入衰退期，难以向中土输送大量高素质的佛教人才，再加上本土禅宗的成形，使得宋代翻译的佛经种类和数量虽然不少，但整体质量却不高。真正能体现宋代佛教文化事业成就的则是大规模藏经刻印与本土佛教典籍的编撰。现存最早的印刷佛经在时间上可以追溯至唐懿宗咸通九年（868），而大规模刻印佛教经典总集性质的大藏经则始于宋太祖时期。到北宋末年，民间刻印取代官方刻印，于是藏经刻印遂有了"官版""私版"之分。整个宋代，官私刻印大藏经有五个版本：开宝藏、崇宁万寿藏、毗卢藏、思溪圆觉藏和碛砂藏。

随着佛教在士大夫阶层中的广泛流行，居士已成为宋代社会普遍存在的现象，再加上三教的统合，佛教融入并影响宋代社会文化的方方面面已是不可避免之事。

2. 元代佛教

元朝作为少数民族建立的政权，其所采取的宗教政策有别于此前的唐宋。在民族等级制度影响下，三教关系经历了重新的定位和排列，藏传佛教的地位得到了极大的提高，汉地佛教特别是作为主流的禅宗，受到了巨大的冲击。

喇嘛教在元代的兴盛有其深刻的历史原因，成吉思汗时蒙古统治者就试图利用喇嘛教来控制西藏上层，1247年西藏正式归顺蒙古后，忽必烈大力支持萨迦派的发展，并使萨迦派取得了在藏区行政和宗教事务方面的领导地位。1270年忽必烈进封八思巴为帝师，从此以后，历代皇帝奉藏传佛教萨迦派僧人为师成了元朝的一项制度。帝师制度的建立标志着喇嘛教的特权地位正式得到了官方的认可，中央与西藏地区的政治和宗教开始联为一体。

元代内地佛教仍以禅宗为主流，其中万松行秀、雪庭福裕一系的曹洞宗盛行于北方，由临济宗虎丘绍隆和大慧宗杲所分出的支系成为南方禅宗的主流。禅和净土信仰的关系问题是元代佛教关注的焦点，强调禅净融合在这一时期达成了共识。除了强调禅净融合外，禅密关系也在元代受到关注。喇嘛教兴盛后，在内地沉寂多时的密宗也得到了一定的发展。许多人受到藏传佛教的影响，开始致力于融合禅密关系，强调密宗与禅宗一样，都是以解脱生死为目的，本质上并无差别。禅宗与其他诸宗的融合，将佛教的发展推向一个大融合的方向。

3. 明代佛教

明朝建立后，朱元璋采取了一系列措施加强中央集权，对于佛教也建立起了比以往更为严格的管理制度。与国家行政建制相配套的僧司机构的建立使皇帝可以更加便利地干预佛教内部事务，这对明代以后佛教的发展产生了深远的影响。

明朝立国之初，朝廷重视佛教经书的讲注，禅师经论功底是衡量僧侣道行的重要标准，普庄的禅学理念便显然受到了这种风气的影响。明代中期佛教队伍在规模上虽然超过了明初，但却是禅宗有史以来最缺乏生机的时期，义学活动归于沉寂，也没有出现具有影响力的高僧大德，佛教徒的世俗化程度加深。

自宋代以后，文字禅、棒喝禅泛滥成灾，至明代这些弊端表现得更加突出，于是禅法大敝。明末，随着各种社会矛盾的激化，以江浙地区为中心，佛教界出现了声势浩大、席卷全国的复兴浪潮。由于僧众背景的差异，这场佛教复兴大致可以划分为两股潮流：一股主要集中在都市城镇，代表人物为"明末四大高僧"；一股则活跃于乡野山林，以临济宗与曹洞宗的禅僧为主体。以"明末四大高僧"为代表的学问僧继承禅教并重、三教合一的主张，力图将禅学、义学、净土三者统合起来；而在山林之中，以临济、曹洞为主体的禅宗流派致力于重振禅宗的影响力。这使得不同流派之间的论争往往非常激烈，两股潮流相互影响，打破了佛教界的长期沉寂，共同促成了佛教在中国封建时代的最后一次兴盛。

4. 清代佛教

清朝继承了明朝在佛教问题上的诸多举措，并以更加细致的条规将佛教发展的方方面面都纳入国家的统一管理之下。首先，维持三教的合法性，严厉打击被清廷认作"邪教"的民间宗教派别。其次，取消试经度僧，并逐渐废除度牒制度。再次，在机构设置上，清廷仿照明代设立了"僧录司"来管理佛教事务。最后，在与藏传佛教的关系上，清廷为了较好地控制蒙藏地区，十分重视引导和发展藏传佛教。

在这一时期，教门各派义学全面衰落，宗派隶属界限逐渐被淡化，师徒关系成为维持教派发展的重要动力。禅宗诸派虽然继续保持着法统，但并不十分看重本宗持守，禅宗对各种佛教思潮的融合成为当时佛教发展的一个显著特征。雍正时期是清代佛教发展的一大转捩点：在明末清初新旧王朝更迭之际，由于明末佛教整体复兴的影响，禅宗内部十分活跃；雍正以后，禅学在士大夫阶层中的影响和地位逐渐下降，禅宗也与民间佛教信仰完全融合。

在信仰与实践方面，西方净土信仰、菩萨信仰成为社会信仰的主流，各种救赎性质的忏仪法事活动也流行于社会各阶层，佛教逐渐成为一种他力拯救的工具。清代统治者特别看重净土信仰的社会作用，雍正帝在改造佛教的过程中就希望用净土法门来取代禅学。因此，净土信仰在清代尤为流行。净土信仰的盛行反映出人们对现实世界的厌恶和对美好世界的向往。信仰的弘扬又与戒行善举等具体行为结合在了一起，进而使传统的、世俗的道德标准逐渐被信仰化、神圣化，这也是清代净土信仰发展的一般性特征。

第三节　文化新变

佛教自西汉末年传入中国以后，经过东汉到魏晋南北朝的长期发展，于隋唐时期形成了具有中国特色的宗派佛教。佛教入华后凭借其深刻的精神内涵和哲学意蕴，对中国的政治、哲学、艺术等文化领域产生了广泛而深刻的影响，改变着我国的文化生态与格局，使之展现新的风采。

一、思想冲击

佛教在中国传播的过程同时也是与儒、道冲突及融合的过程，佛教最终以自身强大的生命力适应并改变中国的本土哲学，对中国哲学做出了重要贡献。

1. 整体影响

从整体来看，佛教入华后对中国哲学产生了广泛而深刻的影响，尤其对中国人的人生观、思维方式和审美观念等方面影响颇深。

首先，在人生观方面，佛教的"三世"概念重塑了中国人的人生观。随着佛教思想的传入，人们逐渐接受了佛教的"三世"概念。佛教的三世与轮回、报应观念相联结，个体现世的生存与死亡，只是其中的一个轮回，而人的生命会在三世中轮回，绵延不绝。这种三世的轮回观念影响人们意识到死亡不是生命的终点，从而在一定程度上帮助人们超越对死亡的恐惧，更愿意以积极的态度直面现实中的苦难。

其次，在思维方式方面，佛教体系化、逻辑化的理性思维方式对国人有所启迪。佛教长于辩论，其理论也往往具有体系化、逻辑化的特点，对我国的形象思维或诗性思维传统具有重要的补充作用。佛教中还有因明学的存在，因明是古代印度关于推理的学说。因明学于公元前6世纪萌芽，略早于我国的墨辩和希腊的逻辑。这一学说无疑会对中国人的哲学思辨层次具有提升作用。

最后，在审美观念方面，佛教的境界论成为中国艺术境界论的重要来源，对我国古典美学的发展具有深远影响。"真如""法性"，这些皆指佛教的精神实体。东晋高僧道安和慧远等强调这些实体为世界万物的最高境界，认为这些精神实体不生不灭，无为而无不为，能够统领万物，是最高之境界。中国古代美学中所推崇的"境界"，正是从佛典中引申而来。

2. 佛学与儒学

儒家哲学在中国古代社会往往处于一种主导地位。作为外来文化的佛教，在中国的传播和发展首先面临儒家思想的挑战。佛教对儒家哲学既依附又渗透，在佛教逐渐儒学化的同时也深刻影响着儒家哲学的内涵，并推动儒家哲学的进一步发展。

佛学与儒学的关系首先表现为佛教的儒学化。佛教传入中国后，其许多观念与儒家思想及礼法产生一定程度的冲突，尤其是在忠君和孝亲两个方面。为了调和佛儒关系，促使佛教融入中国的本土文化，东晋时期的高僧慧远曾做出了突出贡献。慧远提出的"内外之道，可合而明矣"是点明佛儒关系的基本原则。他指出：奉上、尊亲与忠孝也是佛经上指明的，与儒家的倡导并不矛盾；而且，出家修行看似远离尘世，实则是更高层次的忠君与孝亲。慧远所确立的这一调和原则成为此后佛教中国化的基本方向，从而使中国佛教思想中有了不少儒学的身影。

其次儒学在发展过程中也吸纳了不少佛学元素。这在宋明理学中表现得最为明显。以张载思想为例，他是第一个建立系统本体论的理学家。张载以元气本体论为依据来说明人、人之本性、人与人之间的相互关系,其所建立的完整的伦理思想体系吸纳了佛性理论。佛教哲学注重对抽象本体的研究,大乘佛教所讲的"实相""佛性""真如佛性"等都具有本体的特点。张载所提出的"天地之性"与佛教的"真如佛性",在内容表述和思维方法方面都具有共通性。再如王阳明的心学思想。他提出"心即理也""心自然会知",以及"心外无理,心外无事"[①],这些皆源于禅宗理论——"一切万法,尽在自身中,何不从于自心顿现真如本性"[②]。"心即理也"将心视作涵盖一切时间与空间的宇宙之本体以及一切道德的本源,而禅宗将一切诸法乃至一切众生、诸佛都归结于一"心"。此"心"既是一切诸法的本源,又指向众生成佛的根据,同时也是抽象本体与众生现实之"人心"的统一。由此,我们不难看出心学与禅宗之间的密切关联。

3. 佛学与道学

佛与道的关系仍然是融合与冲突并举,但佛教与道教之间的冲突更加激烈。因为儒家的正统地位已然无法撼动,同样作为辅助地位的佛、道之间便常常面临争地位的问题。"老子化胡"一直是贯穿佛、道两教之争的中心议题,集中反映了两者之间的矛盾及势力的消长。

首先来看佛与道的融合。佛教传入中国初期,人们多把它理解为道教的神仙方术,在思想上则以道家或道教的思想来理

---

① 陈荣捷:《王阳明〈传习录〉详注集评》,(台北)学生书局,1983年,第70页。
② [唐]惠能著,郭朋校释:《坛经校释》,中华书局,2012年,第71页。

解佛教。统治阶级还将佛陀当作黄老之学的创始人来祭祀，于是出现了"黄老与浮图并祠"的现象。随着佛教在中土的传播和进一步发展，魏晋时期的玄佛合流可以说是佛与道融合的典型形态。魏晋以后，道教的发展吸纳佛教元素，唐代道士成玄英、李荣、王玄览等人的思想理论便深受佛学思想的启发和浸染。宋元时期，全真道深受禅宗影响，其效法禅宗"不立文字"，注重宗教实践，认为个人内在"真功"的核心乃"识心见性"。在明心见性的修养方法上，强调无心无念。全真道甚至仿效佛教实行出家制度，可以说是佛与道融合最为紧密的宗派。

其次来看佛与道的冲突。佛、道之争于早期的主要特点是道教与儒家相联合，从中土文化本位主义的立场出发，批判佛教的异域文化价值体系。由于儒家思想占主导地位，佛教一方面迎合儒家思想，另一方面将道家和道教相区别，批评道教的信仰与方术。"老子化胡"之争是佛、道冲突的典型体现。"老子入夷狄为浮屠"的"化胡成佛"之说于东汉末年在社会上出现，起初并没有贬损和排斥佛教的意图，而是用以宣传佛、道同源论或老子转生论。《牟子理惑论》中开始出现了对"化胡"说的反对意见，认为佛教比道教优越。自此以后，为了争夺社会地位，双方在"化胡"问题上展开了激烈的论争，直到元代才告一段落。

从思想冲击的整体情况来看，佛与儒、佛与道之间既有冲突又相互影响，最终促使儒、释、道三家在对立中走向统一，在论争中走向融合。三教的论争与融合不仅构成了我国文化的基本形态与格局，也塑造了中华文化兼收并蓄，开放包容的品格。

二、艺术新风

佛教一方面借助艺术的手段加速自身的传播和发展，同时也丰富了自身的艺术宝库，使佛教文化本身呈现令人瞩目的艺术特征。在佛教中国化的进程当中，佛教对我国的建筑、绘画、音乐等艺术门类加以融合、浸润，对其产生了潜移默化的影响，使得源远流长的中国艺术焕发了璀璨的光芒。

用佛像来承载和传达佛教的精神、理念是佛教文化艺术化的一大重要体现。公元1世纪时，古印度出现了最早的佛教造像艺术形式——犍陀罗造像。然而最初古印度认为雕画佛像是亵渎神圣的行为，因而山琦等之古雕刻，仅用菩提树、佛足迹等来标记和象征佛。后来随着大乘佛教的兴起，雕刻佛像才开始盛行，所以许多大乘经典中有不少关于造像因缘及其功德的记载。

东汉时期，佛像艺术开始传入我国。佛教对形象极为重视，因而又称为"象教"。北魏孝文帝的《立僧尼制诏》云："自象教东流，千龄以半，秦汉俗革，禁制弥密。"[①] 雕塑像种类繁多，主要有铸像（金佛）、木像（木佛）、石像、塑像（泥像）、夹纻像（干漆像，以漆固定麻布）、纸泥像、砖像、蜡像等。铸像按材料分有金像、银像、金铜像、鍮石像、铁像等类。木像依其造法则有一木造与寄木造之别，材料以栴檀（香木之一种）为贵。至于石像，有利用崖壁雕成的磨崖佛，也有用宝石雕成的宝石像；其

[①] 〔清〕严可均辑：《全后魏文》，商务印书馆，1999年，第58页。

雕刻手法有圆雕、半圆雕（半肉雕）、浮雕、毛雕（筋雕）等多种。传世的各类佛像以石像居多，印度犍陀罗、摩菟罗、波罗奈故址都有石像出土。在我国，东晋戴逵以雕画佛像著称。南北朝时期，开窟造像之风大为盛行。此外，还有与佛像几乎同时起源的佛画，除了被信仰者供养礼拜之外，它也具备对佛教传说及佛教义理的图解功能。古代的佛画常常被绘于墙壁、纸绢或布面上，对佛理的传播起到了重要的推动作用。佛画按所画材料分类，可分为壁画、扉绘、柱绘、天井绘、纸绢画、绣像、织成像、结珠像、锦像、障子画等；若以画题分类则有一尊像、三尊像、群像、变相及曼荼罗等，种类繁多。

在佛教文化中，梵呗指的是以曲调诵经来赞咏、歌颂佛德。因据梵土（印度）曲谱咏唱，故称为"梵呗"。我国的梵呗相传源于曹植的改制，慧皎《经师论》云："夫篇章之作，盖欲申畅怀抱，褒述情志。咏歌之作，欲使言味流靡，辞韵相属。故《诗序》云：'情动于中，而形于言。言之不足，故咏歌之也。'然东国之歌也，则结韵以成咏；西方之赞也，则作偈以和声……原夫梵呗之起，亦肇自陈思。"[1] 在慧皎看来，歌咏的目的在于补"言之不足"，这正说明了梵呗同样具有传达思想的功能，以弥补言说的局限性。慧皎的《唱导论》云："唱导者，盖以宣唱法理，开导众心也。"[2] 这也是相通的道理，所举这些方式都是传播法理，

---

[1] 《高僧传》卷十三，《大正藏》第50册，第415页。
[2] 《高僧传》卷十三，《大正藏》第50册，第417页。

启迪、开导众生的有效手段。总的看来，梵呗主要用于三个方面：第一讲经仪式，一般行于讲经前后；第二六时行道，即后世之朝暮课诵；第三道场忏法，旨在化导俗众，其仪式注重歌咏赞叹。梵呗流传以后，音调因地域而有南北之分，渊源不同，各有所长。

佛寺和佛塔是佛教建筑艺术的典型。佛寺一般通称"寺院"，又称"寺"，是安置佛像并供僧尼居住以修行佛道的处所。寺院还有其他名称，如寺刹、僧寺、精舍、道场、兰若、丛林、檀林等。印度最早的寺院为中印度王舍城之竹林精舍，及舍卫城之祇园精舍。从古寺院的遗址可以得知，一般佛寺多在中央设方形佛殿，外围设僧房，佛殿正面之内安置佛龛，布局讲究。建筑材料有石、砖、木等，建筑形式有佛堂、僧房、塔婆之分。杨衒之所撰的《洛阳伽蓝记》被视作我国现存文史典籍里寺塔记的典范之作，他在自序中描述了北魏隆盛时期洛阳佛寺的盛景："于是昭提栉比，宝塔骈罗。争写天上之姿，竞摹山中之影。金刹与灵台比高，广殿共阿房等壮。岂直木衣绨绣，土被朱紫而已哉！"[①] 书中记载当时城内有许多寺院建造华美，精妙绝伦，如描绘景乐寺云："有佛殿一所，像辇在焉，雕刻巧妙，冠绝一时。堂庑周环，曲房连接，轻条拂户，花蕊被庭。"[②] 又如，记叙胡统寺云："宝塔五重，金刹高耸。洞房周匝，对户交疏，朱柱素壁，甚

---

① ［北魏］杨衒之撰，范祥雍校注：《洛阳伽蓝记校注》，上海古籍出版社，2018年，第2页。
② ［北魏］杨衒之撰，范祥雍校注：《洛阳伽蓝记校注》，第56页。

为佳丽。"[1]每一座名刹都可谓一件巧夺天工的艺术作品。塔指埋藏遗骨、经卷，或为标示特别灵地而造的建筑物。佛塔虽然是佛寺的重要组成部分，但这一建筑类型又具有相对独立性。我国佛塔按形制来分，有楼阁式塔、密檐式塔、单层塔、喇嘛式塔、母子塔等，样式各具特色。

总之，佛教以多种多样的艺术手法传播其奥蕴和智慧，使佛教思想和观念深入人心，同时也为后世呈现了一个多姿多彩的艺术世界。

三、文学嬗变

佛教经典中有不少具有很强的文学性，蕴含着丰富的人文精神。例如《本生经》《杂譬喻经》《百喻经》等经典之中，便包含了丰富的本生故事和譬喻故事，它们通过生动、通俗或者幽默、风趣的故事给人以教化和启迪。因此，随着佛经的大量翻译，佛教的广泛传播，佛教对中国文学产生了巨大影响。

在诗歌方面，佛教的传入使得我国古代诗歌的题材和内容丰富了许多。佛经中往往包含大量的偈颂，汉译佛经中四言、五言、七言的偈颂居多。这些与诗歌在形式上相类似的偈颂一般直接传达佛理，引起东晋时期不少僧人和文人的兴趣与关注，于是他们创作了许多佛教色彩浓厚或饱含佛理内容的诗歌。佛教对我国古代诗歌的独特诗风和意境也有一定的影响。晋宋著

---

[1] ［北魏］杨衒之撰，范祥雍校注：《洛阳伽蓝记校注》，第63页。

名诗人谢灵运是我国山水诗派的开创者，留下了大量脍炙人口的佳作，令后世耳熟能详的佳句有"白云抱幽石，绿筱媚清涟"（《过始宁墅》）、"池塘生春草，园柳变鸣禽"（《登池上楼》）等。他在佛学方面的造诣很高，并与名僧交往密切。佛教对谢灵运山水诗创作中所形成的清新自然的诗风和空明澄澈的意境都有着深刻的影响。还有被称为"诗佛"的盛唐诗人王维，喜好参禅悟道，也与佛教结下了不解之缘。他的许多诗作，如《山居秋暝》《鹿柴》《终南别业》等，都将禅意与诗心合而为一。诗境与禅境的巧妙融合，令其诗歌含蓄隽永，韵味无穷。

在散文方面，佛教的影响首先表现在它丰富了散文的内容和题材。因为佛教中的许多名篇本身就可视为我国散文的重要构成部分，佛教三藏中的论藏就是后人对佛典经义的议论，如《大智度论》《十地经论》等，而论部的散文特征十分明显。这些经论被翻译成汉文后，我国散文的内容被不断扩展。佛教与儒、道思想的斗争则导致诸如《弘明集》与《广弘明集》等重要佛教文集的出现，这些论集中编入了许多论辩的文章，汇聚了众多与佛教相关的议论性散文，使我国古代散文的内容和题材都得以丰富。其次，佛教对文人的散文创作也有重要影响。一方面，佛教促进文人论说文的创作，对唐宋古文的繁荣具有一定影响；另一方面，启发和影响了文人的散文写作技巧。佛经中条理清晰、层次分明的论说方式以及对名相的注重，都会对文人创作的思维方法和文章结构安排加以启发。佛教还重视概念的辨析，重视驳论与立论的结合，善于推理演绎，因而对唐宋散文中的概念辨析以及论辩色彩具有一定影响。

在小说方面，佛教的影响主要体现在形式和内容两个方面。形式上，首先是小说中的题材得以扩大。佛经中的大量故事被小说直接取材和借鉴，佛教中三世、轮回的观念使得文学的表现领域更加开阔。其次是小说中形象创造的丰富性。佛教中有种类繁多的佛、菩萨形象，包括观音形象，被吸纳后成为中国小说中的新形象、新人物。再次是小说的结构方面呈现了叙述的求真以及因果完整的特点。佛教故事常常将神佛具象化，当作实有。六朝志怪写神怪故事时经常指明事件发生的时间和地点，与现实某人的关联，何人可以作证等。后来小说创作往往力求与真实性的联系，将大量神异情节附会到历史中的真人真事上。此外，中国小说的叙述往往有头有尾，结构完整，且多是大团圆的结局，这一现象与佛教的因果报应思想不无关联。最后是在小说的情节方面。佛经故事中的奇思妙想丰富了中国小说的情节，从而形成了小说创作情节方面的几个重要模式。第一，转生与离魂。这一模式受到佛教神不灭论思想的影响，蒲松龄《聊斋志异》中出现许多相关情节。第二，神变。虽然神变现象古已有之，但佛经中的神变更加奇异超绝、精彩绝伦。佛教东传初期，来华的高僧多以神仙方术引起世人关注，加深了神变在人们意识中的影响，《封神演义》《西游记》中的相关情节体现得相对突出。第三，因果报应。佛教往往用因果报应来解释人世间的诸多现象，因此因果报应是许多小说情节中解决冲突和矛盾的关键以及必备环节。业报的逻辑往往在生活实际中更有说服力，由此影响了小说情节的程序化和概念化。

在戏剧方面，佛教的影响也表现在形式和内容两个方面。形式上，不少曲牌名来自佛曲，例如北曲中的《笑和尚》《菩萨蛮》《净瓶儿》《好观音》《五供养》《华严赞》等，南曲中的《烧夜香》《降黄龙》等。"净"角名称也来源佛教，因佛寺中有"净人"一类的称呼。在寺院中，未行剃染而服种种净业作务者被称为"净人"，又称"道人""苦行""寺官"。元杂剧剧本体制所谓的"四折一楔子"，其"折"与"楔"的概念都借自佛教。此外，戏剧表演中的许多身段也都来自对佛教仪式和造像的模仿。例如湖南湘剧中有三十五种"跳"身段，其中明显与佛教有关的有跳金刚、跳罗汉、跳无常、跳和合二仙等。密宗手印也影响到戏剧的手姿，如兰花指与莲花印。内容上，一些优秀的剧作家能够借助佛教提供的素材演绎出新奇的人物形象和生动的情节，从而取得令人瞩目的艺术效果。有的戏剧直接取用佛教题材，如《目连救母》《尼姑思凡》《唐三藏西天取经》等。取自《佛说盂兰盆经》的"目连救母"故事成为许多剧目的重要题材，目连戏是我国戏剧与佛教关系密切的典型表现。但是，直接以佛教故事为题材的戏剧作品，其说教意味稍显浓厚，人物塑造和艺术表现手法受到较大局限，与直接从佛教中取材的小说相类似；有的戏剧则间接取用佛教题材，例如戏剧中常见的人鬼、龙宫、天庭等意象。佛教观念对戏剧作品也有重要影响。例如，关汉卿的《窦娥冤》《望江亭》《蝴蝶梦》等，多掺杂因果报应等佛教观念，以助作者实现批判现实和劝人弃恶扬善的目的。

第三章
禅门开宗

禅宗是中国化的佛教宗派，因主张修习禅定而得名。此宗以彻见心性本源为宗旨，强调"以心传心"，直传佛祖心印，故又名"佛心宗"。《坛经》是禅宗代表经典，了解禅宗历史和基本观念是读懂、读好《坛经》的又一重要基础。本章将从发展历程和基本观念两方面对禅宗历史做简要介绍。

第一节 东土六祖

禅宗可以说是最具中国特色的佛教宗派，同时也是中国佛教中最为重要的派别。禅宗有今时今日之地位和影响，有其自身源远流长的历史背景和演变过程。禅宗的开创和发展同时离不开禅师们所做出的不可磨灭之贡献。

一、六祖传说

关于禅宗的形成历史，有"西天二十八祖"和"东土六祖"之说。相传佛祖释迦牟尼曾在灵山会上拈花示众，默然不语；而众人不解其意，只有大迦叶尊者会心一笑。佛祖当即向众人宣布："吾有正法眼藏，涅槃妙心，实相无相，微妙法门，付嘱摩诃迦叶。"随后便将法门交付大迦叶，禅宗由此以"不立文字""以心传心"的方式代代相传，直至第二十八祖菩提达摩。达摩又被奉为东土初祖。"西天二十八祖"之说实为后来禅门中人杜撰，但"东土六祖"则确有师承关系。

达摩（？—536），南天竺人，出生于一个婆罗门种姓家庭。据说达摩是香至王的第三子，出家后修大乘佛法，精于定学。曾历游诸国，南朝宋末到达南越。初在江南，后游嵩洛。曾于建业面见梁武帝，因与梁武帝话不投机，遂北上前往嵩山少林寺传法。于寺后的山洞中面壁九年，据说还出现了达摩面壁石。达摩认为一切众生都有"同一真性"，真性即是佛性。他认为众生都有同一佛性，亦即人人都本有一心——清净自在心，此心之所以没有显现出来的原因是被妄念所遮蔽。达摩用以"壁观"为中心的"二入四行"禅法教导弟子慧可、道育等。所谓"二入"是指"理入"和"行入"，前者是对大乘佛教理论的思考，后者则关涉实践层面，两者是理论和实践的结合。"四行"——报怨行、随缘行、无所求行、称法行，乃壁观坐禅的实践方法。总之，达摩将成就佛道的方法归为悟理和修行这两个方面。达摩著有《少室六门集》上下卷。另外，敦煌出土有《达摩和尚绝观论》《释菩提达摩无心论》等，疑是后人伪托之作。

慧可（487—593），师从达摩六年，达摩向其传授《楞伽经》四卷。慧可曾立雪断臂感动达摩，慧可得达摩心印而为二祖。慧可俗姓姬，初名神光，河南洛阳人。在他年少为儒生时，博览群书，还通达老庄易学。出家以后，精研三藏内典。慧可《答向居士来书》中的一首偈，蕴含着他自觉圣智和即心是佛的心性论思想。此偈言道："说此真法皆如实，与真幽理竟不殊。本迷摩尼谓瓦砾，豁然自觉是真珠。无名智慧等无异，当知万法即皆如。愍此二见之徒辈，申词措笔作斯书。观身与佛不差别，何须更觅彼无余。"[①]"摩尼"，指宝珠。"本迷摩尼谓瓦砾，豁然自觉是真珠"的含义是：众生若迷惑，则会视真珠为瓦砾；若转迷为悟，则识得宝珠，即可明了自我本来就有佛性。偈语最后讲众生心即佛，不必向外另求无余涅槃境界。慧可的这些思想对后世禅宗的发展影响至深。

二祖之后，禅法传于三祖僧璨（？—606），其受法后隐于舒州司空山（今安徽太湖县北）。题为僧璨所作的《信心铭》，受到后世禅师的称颂。它继承了达摩、慧可清净心的思想，又进一步吸收《庄子》的"齐物""逍遥"等观念。僧璨于隋炀帝大业二年（606）圆寂，唐玄宗谥其为鉴智禅师。僧璨在未出家时便为人光明磊落、率性不羁，有维摩居士之风范。大约四十岁时，在

[①]《续高僧传》卷十六，《大正藏》第50册，第552页。

舒州皖公山见到慧可，乞忏悔而得法，慧可为其剃度并授名以僧璨。僧璨初见慧可时，曾身患风疾。慧可问他："你是个大风患人，见我会有什么好处呢？"僧璨回答："我身虽患风疾，但患人心与和尚心无别。"此番答复深得慧可赞赏。这与后来六祖惠能回答五祖弘忍的"獦獠身与和尚不同，佛性有何差别"极为相似，由此可见二人对禅法的领悟程度。

道信（580—651），俗姓司马，湖北广济人。年幼时便仰慕空宗而出家，师从僧璨九年，得其衣法，是为四祖。隋开皇十二年（592），道信入舒州皖公山参谒僧璨，一见面便说道："愿大师慈悲，请赐予我解脱的方法。"僧璨问："谁束缚你？"道信回答："没有人束缚我。"僧璨又问："为什么还要求解脱呢？"道信言下大悟。有一次，道信率领徒众走到吉州庐陵时，遇到一群盗贼已围城七旬。当时井水已干，众人感到忧惧。道信劝城中道俗念摩诃般若。盗贼们遥望城池，犹如有神兵把守，认为城内有异人存在，心生恐惧，便放弃攻城而离去。道信曾住在湖北黄梅双峰山达三十余载，主张"坐禅守一"，并传法于弘忍，是为五祖。道信所撰《菩萨戒经》和《入道安心要方便法门》均已失传，但其禅法及其思想的依据被保存于《楞伽师资记》的引录中。道信的另一弟子法融则在金陵（今江苏南京）牛头山传牛头禅。

弘忍（601—675），俗姓周，湖北黄梅人。七岁时便跟随四祖道信出家，得其心传，成为禅宗第五祖，世称"五祖黄梅"，代宗敕谥"大满禅师"。弘忍得法后便来到双峰山东的冯茂山（一作"冯墓山"）另建道场，名东山寺，所以他的禅学又被称为"东山法门"。从弘忍这里开始,禅宗传教从《楞伽经》改为《金刚经》。弘忍的思想以彻悟心性之本源为旨,守心为参学之要。其"萧然静坐,不出文记,口说玄理,默授与人"的理念与做法在禅林中独具特色,对后来的禅宗影响巨大。

弘忍门下有著名弟子神秀、惠能、惠安等。相传弘忍为挑选其衣法继承人,命弟子各作一偈,以便检验弟子对禅法的领悟程度。大弟子神秀日夜思量,终于作出一偈:"身是菩提树,心如明镜台。时时勤拂拭,勿使有尘埃。"弘忍认为其"未见本性"。当时还在碓坊打杂的惠能也作一偈:"菩提本无树,明镜亦无台。佛性常清净,何处惹尘埃?"得到弘忍认可。为其免于被人加害,弘忍秘密传衣法于惠能,为第六祖。惠能的思想集中体现在《坛经》中,全书内容主要阐述心性论,宣扬性净自悟的思想。

二、禅宗开创

从禅宗的发展来看,菩提达摩虽被尊为东土初祖,但禅宗真正成为佛教宗派,则始于唐代。菩提达摩及其弟子们实行的楞伽师禅属于禅宗的准备阶段,道信和弘忍提倡的"东山法门"是向禅宗的过渡形态。直到惠能时期,禅宗建立的各种条件才完全成熟,包括惠能对禅宗理论基础的奠定,所以惠能一般被视为禅宗的实际创始人。

惠能(638—713),俗姓卢,范阳(今北京大兴)人,先世为当地大族。唐高祖时,惠能父亲被贬谪至岭南新州(今广东新兴），成为平民。惠能幼年丧父，随母亲移居南海，生活苦辛，以卖柴为生。

有一天，惠能在一次给顾客送柴的过程中看到店里一位客人正在诵读佛经。惠能听了客人诵读的经文后，心中便有所理解和领悟，并询问客人这是什么经典。当得知是《金刚经》后，惠能继续追问客人从何而来，如何获得这部经典。客人回答其从蕲州黄梅县东禅寺来，并向惠能介绍了在东禅寺弘扬佛法的五祖弘忍大师，其门徒弟子有一千多人。这位客人曾经到过东禅寺谒见弘忍，听其讲授这部佛经。客人还告诉惠能，弘忍大师经常劝诫僧俗，只要按照《金刚经》所讲的内容修行，就能自己体认和理解自我之本性，即便不经过任何修行阶段也可直接成就佛道。惠能听说后萌生了前往黄梅请教五祖弘忍大师的念头。又幸得一位客人十两银子的资助，惠能安顿好母亲后即前往黄梅东禅寺谒见五祖弘忍，请教禅法。

唐龙朔元年（661）惠能在黄梅谒见禅宗五祖弘忍。弘忍问他是哪里人，想从自己这里获得什么东西。惠能说自己是岭南新州的一名普通百姓，远道而来投到大师门下，只想成佛，并不想获得其他什么。五祖质疑惠能是岭南人，是未能开化的蛮夷，如何能成佛。惠能认为，人虽然有南方与北方的地域差别，但佛的本性却没有南北之分。惠能的回答得到五祖的认可。

五祖最初令惠能和大家一起参加劳动，劈柴踏碓八个多月。当时弘忍年事已高，急于传付衣法，命弟子作偈呈给他，如果谁能领会佛法大意，便传其衣钵而为六祖。经过一番苦思，神秀作偈云："身是菩提树，心如明镜台。时时勤拂拭，勿使有尘埃。"弘忍认为神秀并未真正掌握佛法，没能正确认识和体验自我的本性。因惠能不识字，其口诵一偈，请他人帮其题于壁上："菩提本无树，明镜亦无台。佛性常清静，何处惹尘埃？"弘忍的众多弟子看后纷纷感叹，惊诧不已。随后弘忍给惠能讲解《金刚经》，惠能言下大悟。五祖知道惠能已经彻底识得本心和本性，在三更时秘密传授顿教教法及衣钵给惠能，遂为六祖。然后惠能遵照弘忍的嘱咐，回到岭南；为免于被人加害，隐藏身份于农商劳侣之中十多年，没有公开传教。

惠能于仪凤元年（676）正月初八来到广州法性寺，当时正碰上印宗法师在那里宣讲《涅槃经》。讲经期间，偶然有一阵风吹过，旗幡随风飘动，引起僧人们的议论。一位僧人说："这是风在动。"另一位僧人则说："不是风动，而是旗幡在动。"两人意见不一，争论不休。惠能听到议论，走上前去说："既不是风在动，也不是旗幡在动，而是诸位的心在动。"在场的僧人听了惠能的话后都感到十分惊奇。印宗法师请惠能上座，向其请教佛理。听了惠能的讲解后心悦诚服，并为惠能举行正式的出家仪式。惠能出示法衣后在菩提树下宣讲五祖弘忍传下来的佛法。惠能后来在曹溪宝林寺（今广东韶关南华寺）弘法三十年，最后圆寂于新州国恩寺。

门人法海将惠能讲法的内容加以整理，成为我们现在看到的《坛经》。在众多中国人撰写的佛教著作中，《坛经》是唯一被公开称为"经"的典籍。此书乃禅宗最主要思想之依据，书中所强调的"顿悟""见性""无相无念"等思想,都是我国佛教思想史上的经典命题。此外,当时五祖弘忍的弟子神秀和惠能分别在北方和南方弘法。前者主张渐悟,后者主张顿悟,遂形成"北渐"与"南顿"两派,史称"南北禅宗"。后来惠能的南宗取代了北宗,成为中国禅宗之主流。

惠能的出现可称得上是中国佛教史上的重大事件,惠能被推为"菩提达摩南宗"的真正嫡传,且六祖惠能与孔子、老子一道被西方人誉为"东方三圣"。中唐以来,"凡言禅皆本曹溪"[①],曹溪即指惠能。惠能以广东韶州曹溪宝林寺为中心开展教化活动,世称之为"曹溪古佛",其禅法被称为"曹溪法门"。虽然有关中国禅宗创始人的说法众多,但惠能之所以被视为中国禅宗的实际创始人,是因为在中国禅宗形成时期的禅师中,惠能所创造的禅学理论和禅修方法最多。其禅法流传的地域最广,在日后流传的时间最长,影响也最大。相较其他禅师,惠能在禅宗史上具有无法比拟的贡献和地位。

第二节 一 花 五 叶

禅宗不仅仅是中国佛教的一个重要派别,也是中国佛教发展的一个新阶段。禅宗在历史上曾展现其强大的生命力,也呈

---

① [清]董诰等编:《全唐文》,中华书局,1983年,第5933页。

现出自身发展的独特性及重要变化。从"一花开五叶"到"禅净合一",体现的都是禅宗历史发展上的典型巨变。禅宗甚至走出国门,对日韩佛教的发展也产生了深远影响。

一、禅门分化

惠能、神秀是五祖弘忍门下最有名的两位弟子。惠能的禅法后来在南方流行,所以被称为"南宗"。神秀则在北地弘法,故而称为"北宗"。六祖惠能门下悟道者共四十三人,各化一方,所谓"一花开五叶,结果自然成"。六祖惠能之下生成南岳、青原两系。南岳传于马祖,青原传于石头。马祖一系发展尤盛,晚唐至北宋初期,生成沩仰、曹洞、临济、云门、法眼五家。到了宋代,临济宗又生成杨岐、黄龙两派,与前五家合起来并称禅宗史上的"五家七宗",为唐代以后的佛教主流派别;但宋朝后,仅存临济与曹洞二宗。

在禅宗五家中,沩仰宗属南宗南岳法系,乃沩山灵佑及其弟子仰山慧寂创立,二人被奉为该宗的宗祖。唐元和年间,灵佑在潭州(今湖南长沙)的沩山弘法,宣扬宗风,门人慧寂成为其禅法的集大成者。该宗兴盛于唐末五代时,到了宋代渐渐失传、绝迹。在五家中最早衰落,最终与临济宗合并,仅存约一百五十年。

在理论方面,沩仰宗将主观与客观世界分为三种生——想生、相生、流注生,并逐一否定。想生指的是主观思维,该宗认为所有能思之心都仿佛是杂乱的尘垢,只有远离才能得到解脱。相生指所缘之境，也就是客观世界，也被持否定的态度。流注生指的是主观与客观世界变化无常，犹如微细的流注，从不间断。如果能直视且断之，即能证得圆明之智并达自在之境。该宗还继承并发扬了道一、怀海"理事如如"的精神，认为万物有情皆有佛性，人如果能明心见性便可修成正果。该宗的禅风为方圆默契，在打机锋中多采用明似争夺而实为默契的交谈方式。

曹洞宗由洞山良价（807—869）及其弟子曹山本寂创立。二人先后在江西高安的洞山和吉水的曹山，举扬一家的宗风，遂后世称其为曹洞宗（一说曹洞之"曹"是指洞山上承曹溪而言）。良价，乃禅宗六祖惠能之后第六代，会稽诸暨（今浙江诸暨）人。在五泄灵默（747—818）那里披剃，受戒后前往诸方参学。他首先谒见南泉普愿，后来参见沩山灵佑，之后来到湖南沣陵攸县谒见云岩昙晟（782—841），最后来在洞山弘法。良价著有《大乘经要》一卷（已佚），还撰有《宝镜三昧歌》《玄中铭》《五位君臣颂》《五位显诀》等偈颂。其言行见于《瑞州洞山良价禅师语录》及《筠州洞山悟本禅师语录》，法嗣有云居道膺、曹山本寂等二十六人。

曹洞宗的思想渊源，可追溯至石头希迁。希迁对《肇论》的这句"会万物为己者其惟圣人乎"有独到体会，故写就《参同契》来表达对理事参同回互的体认。希迁传药山惟俨，惟俨传云岩昙晟。昙晟曾提出"宝镜三昧"的法门，意谓人对万象的观察如临宝镜一般。镜中之影乃是镜外形貌的显现，所谓"渠（影）

正是汝（形）"。这些对曹洞宗的"五位功勋""偏正回互"等思想影响深远。良价嗣法昙晟，因涉水睹影而彻悟"渠正是汝"之义，常说"只遮（这）个是"。曹山本寂也跟着说"即相即真"，具有异曲同工之妙。此外，良价为广接上、中、下三根，因势利导。其教法"五位君臣"说，从理事、体用关系上说明事理不二、体用无碍的道理。

临济宗由义玄（？—867）创立，因开创者义玄在河北镇州（今河北正定）的临济禅院举扬一家的宗风，后世就称其为临济宗。义玄是六祖惠能之下的第六代，曹州南华人。出家后精研义理，既而到多地参学。最先谒见洪州黄檗山的希运禅师，向其询问如何是佛法大意，三次发问，继而三次被棒打。唐大中八年（854），义玄来到镇州，在滹沱河边建立临济禅院，广接徒众，门庭繁盛。咸通八年（867）四月十日圆寂，敕谥"慧照禅师"。慧然辑录其语要为《镇州临济慧照禅师语录》一卷，简称《临济录》。

义玄提出"三玄"（三种原则）、"三要"（三种要点）、"四料简"（四种简别）、"四照用"（四种方法）等思想接引学人。在义玄看来，一念心上清净光即是法身佛，一念心上无分别光即是报身佛，一念心上无差别光即是化身佛。此外，众生之所以轮回三界受诸种苦，只是由于"情生智隔，想变体殊"。如果能认识到这一点，打消一切外在妄求的念头，当下即与佛同。因此，真正学道之人，只是随缘任势，并不是执着于佛、菩萨、罗汉等果乃至三界殊胜的目标，而是要能够做到不为外物所束缚。这是临济宗的根本思想，义玄常常用峻峭的机锋接引学人悟得这一根本思想。义玄的弟子，有灌溪志闲、宝寿沼、三圣慧然、兴化存奖等二十余人，门庭枝叶繁盛，蔚为一大宗派。

云门宗由文偃（864—949）创立，由于此宗的开创者在韶州云门山（今广东乳源县北）的光泰禅院举扬一家宗风，后世便称其为云门宗。文偃是禅宗六祖惠能之后的第八代，嘉兴（今浙江嘉兴）人，出家后在佛法上很是精进。最初往睦州（今浙江建德）谒见黄檗希运的法嗣道踪（世称陈尊宿），参学数年，深入玄微，后来又往雪峰义存处参学。他到雪峰后，一日遇升堂，有僧问："如何是佛？"峰云："苍天苍天。"文偃听到后，豁然开朗。后历访洞岩、疏山、曹山、天童、归宗、干峰、灌溪等，最后往曹溪礼六祖塔；顺道至福州灵树如敏处，得到如敏的赏识和器重，后来继承如敏的法席。文偃晚年移居云门山光泰禅院，弘扬禅法，有《云门匡真禅师广录》三卷，法嗣有香林澄远、德山缘密等六十一人。

文偃曾开示众人："函盖乾坤，目机铢两，不涉万缘，作么生承当？"[①]大众无对，他自己代大众云："一镞破三关。"后来在其法嗣德山缘密的归纳下，函盖乾坤句、截断众流句、随波逐浪句成为云门接引学人常用的教学方法，也即所谓"机用"，云门尤其喜欢用截断众流之法。文偃接引学人，常用一语或一字截断葛藤，令问者截断转机，无可用心，从而悟得其禅法。例如，

[①] 《云门匡真禅师广录》卷中，《大正藏》第47册，第563页。

有僧问："如何是清净法身？"他用一句话回答说："花药栏。"又如，有僧问："如何是云门剑？"他用一字回答说："祖。"问："如何是禅？"他答："是。"这在当时称为"一字关"，都体现了文偃截断众流之机用。此外，本宗接化学人有其独特之处，即所谓"云门八要"：（一）玄，接化玄妙；（二）从，从学人之根机以接化之；（三）真要，拈出佛道宗旨；（四）夺，不容学人拟议，截断其烦恼性；（五）或，不拘言词，接化自在；（六）过，宗风严峻，不许转身回避；（七）丧，不执己见；（八）出，接化自由，予学人出身之路。

该宗在五代勃兴，到了宋代，与临济并盛，至南宋而逐渐衰微。后来有重显（980—1052），住明州（今宁波鄞州区东）雪窦山，大振宗风，史称"云门中兴"。他曾选《传灯录》一千七百则公案中的一百则，用韵语颂其奥义，是为《雪窦颂古》。

法眼宗由文益（885—958）创立。该宗因开创者圆寂后，南唐中主李璟赐谥其为"大法眼禅师"而得名。文益乃青原下第八世，余杭人。七岁时出家，后来到明州跟随律师希觉学律，兼研习儒家典籍；既而至福州参谒雪峰义存的法嗣长庆慧棱，不久便为大众所推许。文益还曾历览长江以南的丛林，到临川时住在崇寿院，开堂接众。仰慕文益的徒众甚多，还有人不远万里从异域跋山涉水而来向其求教。文益有法嗣六十三人，以天台德韶为上首。其余如报慈文遂、报慈行言、报恩法安等，均接众甚广，大扬一家的禅风，但德韶一支最为繁盛。文益的言行录于《金陵清凉院文益禅师语录》一卷及文益自撰的《宗门十规论》等。

文益在《宗门十规论》中阐明"理事不二,贵在圆融"与"不着他求,尽由心造"的道理。后来其再传弟子延寿(904—975)发挥文益的"不着他求,尽由心造"之旨,著《宗镜录》一书。"举一心为宗,照万法如镜",说明一切法界十方诸佛、菩萨、缘觉、声闻乃至一切众生皆同此心,若了悟自心即顿成佛慧。其宗风可概括为"对病施药,相身裁缝,随其器量,扫除情解"。

法眼宗为禅宗五家中最后创立的宗派,在宋初极其隆盛;历经文益、德韶、延寿三世后逐渐衰微,至宋代中叶法脉断绝,其间不过百年。

所谓"五家七宗",到了宋代,实际上只有临济一宗为盛,其余各宗或衰微,或灭绝。曹洞一宗绵延至宋末时又忽然隆盛一时,但曹洞的法脉远不及临济繁盛,故而有"临天下,曹一角"之说。临济下的黄龙一派,数传即绝,杨岐一派则仍沿用临济旧称,因此临济兴盛的时间最久。

二、禅净合流

作为中国佛教的一个重要派别,净土宗以修行往生阿弥陀净土为法门,宗名由此而来。净土宗又称"莲宗",由唐代善导(613—681)创立,主要依托的经典有《无量寿经》《观无量寿经》《阿弥陀经》和世亲的《往生论》。我国净土宗在唐代共分为三种教系,即慧远系统(常识性论理派)、善导系统(体解信仰之佛愿派)、慈愍系统(指慧日,不舍万行之妙有派)。

其立祖之说起于宋代。四明宗晓（1151—1214）将东晋高僧慧远奉为莲社始祖。相传东晋时慧远曾在庐山邀请僧俗十八人成立"白莲社"，发愿往生西方净土，故被奉为初祖。隋唐时期，道绰在玄中寺传净土信仰，著有《安乐集》。唐初善导从道绰学习净土教义，之后往长安光明寺传教，正式创立净土宗。善导还完成了净土信仰的教义和行仪，其所著《观无量寿经疏》《往生礼赞》《法华赞》等都是该宗重要经典。《往生礼赞》等主要阐述了念佛、礼佛的方法及仪式。四明志磐立慧远、善导、承远、法照、少康、延寿、省常为莲社七祖，明清之际又推袾宏（1535—1615）为八祖。这些祖师因贡献而被选立，并非前后有传承关系。

净土信仰主张依他力和自力的结合来求取来世的解脱，它的修行法门归根结底乃称名念佛。善导将修行的方法分为正行和杂行两类。正行又分为读诵、观察、礼拜、称名、赞叹供养等五种，其中又专门把称名作为正业，其他四种为助业，由此显出称名的重要性。念佛的方法共有四种：（一）专念佛的名号，称为"持名念佛"；（二）观佛的塑像与画像，称为"观像念佛"；（三）观想佛的妙相（包括《观经》十六观门），称为"观想念佛"；（四）观佛的法身，即谛观实相，称为"实相念佛"。由于这种方法简便易行，人们乐于接受，因而净土宗在中唐以后大为流行。

唐开元初，慧日从印度归来，强烈反对当时的禅家视净土为引导愚心的方便法门，大力提倡念佛往生，主张戒净并行、禅净双修。

到了宋代，净土信仰十分繁盛。志磐记叙杭州地区净土信仰盛况云："年少长贵贱，见师者皆称阿弥陀佛。念佛之声盈满道路。"其与佛教各派的关系逐渐密切，禅与净土的结合成为一大主流。

宋初以后，禅宗、天台宗、律宗等学者多兼弘净土。延寿是禅净一致说的积极推动者。延寿是净土宗六祖，法眼宗三祖。俗姓王，字冲元，浙江余杭人。自幼信佛，三十岁跟随龙册寺翠岩禅师出家。他将慧日禅净双修的主张加以发挥并身体力行，认为佛教的一切修行终将归于净土。其《净土指归》云："有禅无净土，十人九蹉路；阴境若现前，瞥尔随他去。无禅有净土，万修万人去；但得见弥陀，何愁不开悟。有禅有净土，犹如戴角虎；现世为人师，来生为佛祖。无禅无净土，铁床并铜柱；万劫与千生，没个人依怙。"①这一观念对促进禅众兼修净土发挥了重要作用。此外，云门宗的天衣义怀曾著《劝修净土诗》，以禅僧身份劝诫信众修习净土。其思想代表了禅净双修的另一维，修行净土的重点在于修心，又被称为"唯心净土"，这一思想源自《维摩诘经》"心净则国土净"。

元代以后，禅净双修的风气越发流行，中峰明本、天如惟则等皆心归西方。明本为宋末元初临济宗巨擘，能够将禅、教、律、密、净融会贯通，晚年专修净土。明本著有《净土忏》，还

---

① （日）前田慧云等编：《卍续藏经》第61册，（台北）新文丰出版股份有限公司，1993年，第379页。

有《怀净土诗》等多篇诗文。为了纠正禅净分离的观念，他曾说："学者不识建立之旨，反相矛盾，谓禅自禅，净土自净土。殊不知参禅要了生死，而念佛亦要了生死。原夫生死无根，由迷本性而生焉。若洞见本性，则生死不待荡而遣矣。生死既遣，则禅云乎哉，净土云乎哉？"①在实践方面，明本还创造性地将话头禅与念佛法门相结合。

明代，楚山绍琦、空谷景隆、一元宗本、云栖袾宏等，相继倡说禅净合行，其中尤以云栖袾宏表现最为突出。云栖袾宏，仁和人，起初参禅，后来住在梵村云栖；精修念佛三昧，注解《阿弥陀经》，撰有《阿弥陀经疏钞》四卷，且写有多部著作弘扬禅净一致之旨。时居士庄广还、袁宏道等亦各撰写著作弘宣净土。明代较为通行的净土著述有妙叶的《宝王三昧念佛直指》二卷，传灯（幽溪）的《净土生无生论》一卷，袁宏道的《西方合论》十卷。另有憨山德清（1546—1623）、灵峰智旭（1599—1655）等学者，或倡导禅净一致，或说性相融会，或论儒佛合一，但一概以净土为指归。

然而，"禅净合一"的潮流将禅与教的界限有所模糊，净土法门原本与禅宗的根本宗义相违背，这种结合反映了禅宗有向教门回归的趋势。虽然禅宗各派在法系上不断传承，但这种潮流势必影响禅宗"教外别传"的基本性格与发展路径。

---

① 《天目中峰和尚广录》卷五，《大藏经补编》第25册，（台北）华宇出版社，1984年，第768页。

第三节 禅法概要

佛教视人生的本质为"苦",以后的任何一个佛教教派也都没有否定这一价值判断,禅宗亦是如此;但禅宗理论的最大特点在于强调出离生死苦海不在遥远的来世,就在现世,所谓"法元在世间,于世出世间,勿离世间上,外求出世间"[①]。因此,成就佛道不是遁世苦修,而是可以在日常生活中完成,可以在瞬间实现。

一、明心见性

禅宗视明心见性为修行的目的。明心是让自己本自具有却被遮蔽的真心敞亮起来,见性是使本来存在于人心中的自性或佛性显现,转迷为悟。

禅宗又名"佛心宗",所以对心的重视是显而易见的。禅宗以心为根本,其所言之心,是指人们本自具足、清净的真心。此心超越时间与空间,迷为众生,悟则成佛。自性则与本性、本心、佛性具有大致相同的内涵。所谓"自性",从佛教的观念来看,指一切事物和现象永恒不变的本质属性及内在规定性,也包含人人先天具有的自我本性。《坛经》中自性的内涵很能代表禅宗对自性的认识,即蕴含了世间一切事物和现象之本质规律的人之本性。这种本性是每个人先天具有的,且自我的本性与

---

① [唐]惠能著,郭朋校释:《坛经校释》,第87页。

佛的本性平等无二。这一理念成为人人具有觉悟成佛、得到解脱的可能性之内在根据。

刘宋时代，竺道生提出的"一阐提有佛性"论虽然引起了一些争议，但最终南北佛教基本上接受了《大般涅槃经》的思想。《涅槃经》以佛性为宗，认为一切众生悉有佛性，这就为成佛解脱的修行目的奠定了理论依据和基础。达摩禅也继承了这一思想，因为当时所奉的《楞伽经》上言道："如来藏自性清净，具三十二相，在于一切众生身中。"

在五祖弘忍时代，禅门主要有两种不同的修行方法，即念佛与守心。前者实行念佛禅，即在坐禅之时并行念佛的行法，以观想念佛为主，在静坐中观想佛相及功德。例如弘忍门下的法持、智诜、宣什便奉行这种方法，但念佛显然需要借助外力来使自己的心灵趋于理想状态。后者则重视心灵的自省与自觉，去认识、理解和体验自我的本心，摆脱外在的影响和干扰。在弘忍的禅法体系中，守心远重于念佛。

中国佛教已经开始的向内探求自我本心的理论，到了惠能这里趋向成熟。惠能同样认为人人具有佛性，所以说"菩提般若之智，世人本自有之"[1]，而且认识到了佛性的特点："世人性本自净，万法在自性。"[2] 因此，人的本心、自性本来清净。自性中包含万法，蕴含着最高的、永恒的精神实体；但人人拥有佛性，并

---

[1] ［唐］惠能著，郭朋校释：《坛经校释》，第28页。
[2] ［唐］惠能著，郭朋校释：《坛经校释》，第47页。

不意味着人人都能成佛。惠能说:"自性常清净;日月常明,只为云覆盖,上明下暗,不能了见日月星辰。"[1] 惠能用比喻的说法告诉人们,本来清净的自性会被浮云般的妄念所遮蔽、覆盖,所以自性不能明了,只有将迷妄吹却,才能使自性内外明澈,自性中的万法也得以显现。但是,惠能倡导的明心见性主要是靠自我力量的实现,要"自识本心,自见本性",且进一步强调"见自性自净,自修自作自性法身,自行佛行,自作自成佛道"[2]。因此,惠能将自我向内探求而不主要凭借外在力量的修行理念予以深化和定型。惠昕在《六祖坛经序》中的总结可以令人更加全面、直观地感受到惠能的理论主张:"原夫真如佛性,本在人心,心正则诸境难侵,心邪则众尘易染,能止心念,众恶自亡。众恶既亡,诸善皆备;诸善要备,非假外求。悟法之人,自心如日,遍照十方,一切无碍。见性之人,虽处人伦,其心自在,无所惑乱矣。故我六祖大师,广为学徒,直说见性法门,总令自悟成佛,目曰《坛经》,流传后学。"[3] 惠能之后的禅宗,包括晚唐、五代的禅宗五家,虽然仍讲究明心见性,但宗风已产生变化,一些新的方法逐渐改变了惠能直指人心的简单与质朴。

明心见性、以心为本的禅宗思想,令禅法逐渐摆脱了外在形式的束缚而逐渐转向内在的心灵觉悟。也就是说,直指人心、见性成佛的修行法门教导人们自识本心与本性,不必依赖外在

---

[1] [唐]惠能著,郭朋校释:《坛经校释》,第47页。
[2] [唐]惠能著,郭朋校释:《坛经校释》,第45页。
[3] [唐]惠能著,郭朋校释:《坛经校释》,第172页。

的力量而注重向内探求，用内在的理念和直觉体验直抵心灵。这一特点也恰恰符合中国文人士大夫的心灵旨趣，因而逐渐受到他们的接纳和欢迎。此外，禅宗这种以心为本的思想同样符合中国文化的内倾性传统，与那些重视内在道德良知和超越境界的古代思想交相辉映。

二、顿悟成佛

对于如何到达禅宗所追求的最高境界，惠能在《坛经》中强调其法门以"无住为本"。所谓"无住"，是指心不停滞于任何处所，这是一种超越执着而绝对自由的状态。惠能说："念念时中，于一切法上无住，一念若住，念念即住，名系缚；于一切上，念念不住，即无缚也。此是以无住为本。"[1] 惠能还说："内外不住，来去自由，能除执心，通达无碍。"[2] 惠能强调"念念不住"，是为了思想不被束缚。"内外不住"，能够去除执着之心，到达自由无碍的境地，这才是见性成佛之正道。因此，禅宗并不要求在某种特定的环境或仪式中坐禅修行，因为任何执着于外在事物去追求精神超越的行为，其结果都会事与愿违，无住才可以超越。《金刚经》上讲"应无所住而生其心"，其理念是一致的。正因诸法性空，万事万物处于因缘联系与生灭无常之中，所以不应使念头与思想堕于僵化，否则不利于判断事物表象的虚假与真实；

---

[1] ［唐］惠能著，郭朋校释：《坛经校释》，第39页。
[2] ［唐］惠能著，郭朋校释：《坛经校释》，第69页。

而应当遵循并顺应事物的本然之理与变化发展，且能够透过事物的表象去把握背后的究竟真理，这样才有助于显现自我的本心和本性，从而获得解脱。

由于无住指向的是内在的心理观照与体验，无须借助外在的力量遁世苦修，且解脱成佛不需要等到遥远的来世，现世甚或瞬间就可以完成。因此，禅宗的顿悟说接此理路，是本宗又一重要的基本思想。惠能说过："我于忍和尚处，一闻言下大悟，顿见真如本性。是故将此教法，流行后代，令学道者顿悟菩提，令自本性顿悟。"① 可见惠能主张的是顿悟成佛。

其实有关顿悟的说法，佛教经典中已早有记载，如《大乘理趣六波罗蜜多经》卷一云："速疾解脱顿悟涅槃。"支谶、支谦在我国所传的大乘般若学，因偏重义解，重视直探实相本体，后来被看成是主张顿悟的一派。东晋时的支道林、道安、慧远等将修行方法与"十住"阶次相关联，认为"七住"之前是渐修的过程，到了"七住"才有可能顿悟，这是一种渐进的顿悟。虽然顿悟之说由来已久，但在我国真正创立此学说的是东晋南朝时的道生。在他看来，在佛法的修行过程中，"七住"内不存在悟道的可能性，只有"十住"时的最后一念——"金刚道心"，如金刚一般坚硬无比，能够断除一切妄念，于刹那间悟道成佛。相传道生还著有《顿悟成佛义》，已佚。道生还认为一切众生皆有佛性，见性即可成佛；但佛理是一个不可分割的整体，无须次第修行，只

---

① ［唐］惠能著，郭朋校释：《坛经校释》，第73页。

能通过顿悟来把握。他的这一理论主张可谓惊世骇俗,在当时引起了巨大的反响和争议。与顿悟相对的是渐悟,反对者如慧观、昙无成等,分别撰《渐悟论》和《明渐论》,主张渐悟成佛,与道生的观点泾渭分明。顿悟说也不乏一些支持者,名士谢灵运赞成道生的顿悟理论,并在此基础上有所发挥,他曾撰《与诸道人辩宗论》来与质疑和反对顿悟说者论辩。在谢灵运看来,渐悟只是一种引导愚昧者修行的方便法门,只有顿悟才能获得佛教的真谛。慧睿的《喻疑论》也支持道生的顿悟说,还有南齐时的荆州隐士刘虬以及南朝宋文帝和孝武帝都赞成并支持道生的顿悟理论。

然而后来中国佛教中的顿渐之争不仅存在与禅宗和其他派别之间,也存在与禅宗内部,"南顿北渐"即是这种差异在禅宗内部的体现。北宗神秀主张渐修,南宗惠能则提倡顿悟。

惠能所言顿悟意在强调长年累月的修行并不是悟道的必经法门,人可以在刹那间悟得本来存在于自身的真如佛性,因而惠能说"迷来经累劫,悟则刹那间"[1]。惠能的独到之处在于他并不认为成佛的方法有顿渐之别,只是人有利钝之分,悟道程度有快有慢,所以才有顿渐一说。惠能解释道:"何以渐顿?法即一种,见有迟疾,见迟即渐,见疾即顿。法无渐顿,人有利钝,故名渐顿。"[2] 惠能的顿悟说立足现世,瞬刻即永恒,且强调人人

---

[1] [唐]惠能著,郭朋校释:《坛经校释》,第87页。
[2] [唐]惠能著,郭朋校释:《坛经校释》,第93页。

都有成佛的可能性,消弭了世间与出世间、尘世与净土间的距离。这一思想在客观上既迎合了新兴官僚集团及士大夫的宗教需要,又为下层劳动群众提供了修行的方便法门,因此受到官僚、道俗的真诚欢迎。《坛经》中记载,在惠能为众人讲法完毕后,"合座官僚、道俗,礼拜和尚,无不嗟叹:'善哉大悟,昔所未闻,岭南有福,生佛在此,谁能得智。'"[①]惠能的这些思想也促进了禅宗后来的迅速发展,大大推进了佛教中国化的历史进程。

此外,从禅宗顿悟的思维特征来看,顿悟不是经推理而得出的理性认识,而是个体对明心见性之境的直觉体验。这种体验排除了知性思维的干扰,在感性自身中获得超越;但超越感性却又不离感性,正如"青青翠竹尽是法身,郁郁黄花无非般若"。而且,这种直觉体验的心理状态很难用语言来描述,甚至会受到语言的束缚,所以禅宗强调"不立文字";但也并不是要摈弃文字,而是要尽量避免语言文字对顿悟及明心见性形成障碍。

禅宗的顿悟说不仅在中国佛教思想史上有着巨大影响,也对宋明理学影响深远。朱熹作为理学的集大成者,他提倡的"一旦豁然贯通"的功夫,以及陆九渊提出的直接"发明本心"以达到"知"的认识论,都受到了禅宗顿悟说的深刻影响。

---

① [唐]惠能著,郭朋校释:《坛经校释》,第89页。

第四章
东山悟法

从这一章开始,我们将正式进入《坛经》文本的阅读导引。本书以分章导读的方式展开导引,这一章将主要导读敦煌本《坛经》第一至十一节及其他版本的补充内容。这一部分主要介绍了惠能修行佛法的缘由和得悟佛法的过程。

第一节 《坛经》概貌

这里提到了第一至十一节,如果我们翻开某一部《坛经》,也许会发现其中并没有所谓"第一节"或"第十一节"。为什么会这样?其实这里涉及《坛经》不同版本的内容差异问题。所以,在阅读《坛经》之前,我们有必要对《坛经》由来及其不同版本情况有一个大致了解。

一、版本由来

在上一章曾提到,《坛经》是由惠能弟子法海整理其讲法内容而成；更具体地说,是惠能至韶州漕溪宝林寺传禅授徒以后,有一次韶州刺史请他到州城大梵寺说法,并安排惠能的弟子法海做好记录。之后法海以此次讲法内容为基础,又融入惠能传禅的其他事迹,编辑而成《坛经》。《坛经》的具体成书时间,现在已无法确定,一般认为应该在惠能去世以后的第一代弟子弘法时期,大约在唐玄宗开元至天宝年间。

《坛经》在此后的流传过程中,由于不同时期、不同地区、不同的人在理解和传抄上有着种种差异,在传承过程中就有了不同的增删修改,因此在不同地区和不同群体中便形成了不同版本的《坛经》。目前经过学术界的整理和研究,已发现有二十余种不同版本的《坛经》。不过,经过学者们的研究比较,发现这些不同版本的《坛经》总体上可以归纳为四个版本系统。下面对这四个系统中的代表版本做一个简要介绍：

（1）敦煌本。这一版本因发现于敦煌文献之中而得名。1923年日本学者矢吹庆辉在伦敦大英博物馆收藏的敦煌文献中发现一部唐代手抄本《坛经》,共一卷,不分品目。1928年矢吹庆辉将他校订的敦煌本《坛经》收入《大正新修大藏经》第四十八卷中,此后日本学者铃木大拙也对全书进行了校订并将之分为五十七节。这个本子因署名惠能弟子法海"集记",因此也称为"法海本",约12 000字。这是目前所见《坛经》中最早的手抄本,也是现存《坛经》中最早的版本，但我们还不能说这是最初的原本。

（2）惠昕本。这一版本因由晚唐僧人惠昕编成而得名。据《文献通考》记载原本有三卷十六门，现在看到的本子则是二卷十一门。此版本于1933年由日本学者铃木大拙发现于京都兴圣寺，故也称"兴圣寺本"。此本曾于南宋绍兴年间（1131—1162）由晁子健翻刻，并流传到日本，再由兴圣寺翻印，所印题名为《六祖坛经》，约14 000字。胡适先生称此本为"人间第二最古的《坛经》"。

（3）契嵩本。这一版本因由北宋僧人契嵩编成而得名。据该本序载，契嵩得到曹溪古本《坛经》，校勘之后编成三卷。现存的契嵩本只有一卷十品，全称为《六祖大师法宝坛经曹溪原本》，且是明代的本子，约21 000字。因此，现代学者也称其为"明藏本"或"曹溪原本"。元代僧人德异于至元二十七年（1290）刻印的版本与此版本内容基本一致，故有学者认为现存契嵩本实为德异本。

（4）宗宝本。这一版本因由元代僧人宗宝编成而得名。据该本跋载，此版本是宗宝根据当时流行的三种版本校勘而成，并于元至元二十八年（1291）刊行。该本题名《六祖大师法宝坛经》，也是一卷十品，但品目与契嵩本略有不同，内容也稍有改变，约24 000字。宗宝本出现后，遂成各本中最流行版本，甚至元代以后，其几乎成为唯一的流通本。

上述不同版本在一定程度上反映了不同时期、不同派别对惠能思想的认识和理解，一定程度上反映了禅宗思想的历史发展过程。所以，通过不同时期的不同版本，可以了解各时期禅宗思想的不同特点。如果从这个角度来看，显然敦煌本是最能呈现惠能思想的版本。这也是本书选择敦煌本进行导读的主要原因，即通过敦煌本《坛经》，了解惠能的基本思想，了解禅宗的根本智慧。

二、导引方式

敦煌本《坛经》共五十七节，其内容大致由三部分组成：一是惠能自述生平及悟法过程，二是惠能讲法的具体内容，三是惠能与弟子的问答及临终嘱咐等。本书以敦煌本《坛经》为导读主体，同时也加入一些其他版本内容以做补充。

本书名为"《坛经》导引"，到底如何导引呢？这里我们要做一个简单说明。本书导引所用的方法称之为"三义法"，即从三个层面的意义来解读《坛经》，引导大家对《坛经》中的大智慧能有一个较好的体悟。第一个层面叫"字词义"，就是对《坛经》中的字、词、概念、范畴等的内涵是什么做出解释，这层意义将以注释的方式呈现。第二个层面叫"文本义"，就是对《坛经》中的每一段落的文本内涵进行解释，这层意义将以译文的方式呈现。第三个层面叫"阐释义"，就是在《坛经》文本内涵的基础上进行思想阐释或智慧阐释，阐明《坛经》文本中所包含的大智慧；然后还可以进行比较，可以进行类推，可以进行举一反三的思考，这层意义将以解说的方式呈现。简言之，所谓"三义"

就是字词义、文本义和阐释义。下面,本书将以这种方式引导大家一起体悟《坛经》中的大智慧。

第二节 东山求法

本节及下节主要导读敦煌本《坛经》第一至十一节,内容的主体是惠能自述生平情况以及自己学法悟道的经历。敦煌本《坛经》的题名是《南宗顿教最上大乘摩诃般若波罗蜜经六祖惠能大师于韶州大梵寺施法坛经》,题名下有"兼授无相戒弘法弟子法海集记"。题名所包含的内容在正文中都会出现,因此在正文讲解中我们再具体解说。

(一)

【原文】惠能[①]大师于大梵寺[②]讲堂中,升高座,说摩诃般若波罗蜜[③]法,授无相戒[④]。其时座下僧尼、道俗一万余人,韶州刺

[①] 惠能:惠,通"慧"。惠能,即慧能。
[②] 大梵寺:在今广东韶关。唐时位于韶州城内,始称"开元寺",后易名为"大梵寺"。
[③] 摩诃般若波罗蜜:摩诃,大;般若,智慧;波罗蜜,到彼岸,有终极、究竟、彻底等含义。意为到彼岸的大智慧,也就是究竟彻底的大智慧。
[④] 无相戒:惠能提倡"自悟自修",而不陷入对某种具体相戒的执着,因而无相戒也是一种活戒。

史韦据[①]及诸官寮三十余人,儒士三十余人,同请大师说摩诃般若波罗蜜法。刺史遂令门人僧法海集记,流行后代,与学道者承此宗旨,递相传授,有所依约,以为禀承,说此《坛经》。

【译文】惠能大师在大梵寺讲堂中,登坛升座,宣说究竟彻底的大智慧,并传授无相戒法。当时座下有僧人、尼姑与修道的和世俗的听众一万多人,韶州刺史韦据及其他官吏共三十多人,儒士学者共三十多人,一同恳请大师讲说佛法要义。于是韦刺史令其门客僧人法海整理、汇编大师的言行,以便流传于后世,与修行佛法的人一同继承大师的宗门要义,相互传达教授,将这部《坛经》作为秉承佛法的依据。

【解说】这一节主要交代了《坛经》的由来,其中有两个说法值得我们注意。一是惠能言其所说法是"摩诃般若波罗蜜法",通俗地讲,就是"获得觉悟的大智慧",也就是根本佛法。《坛经》一向被视为禅宗的代表经典,容易让人认为它讲的应该是禅宗的基本思想。这一理解也不算错,但禅宗毕竟是佛教的重要派别之一,禅法的核心依然是根本佛法,这一点是我们理解《坛经》智慧时尤应注意的一个方面。二是所谓"无相戒"的说法,对数量明确、内容清晰之"戒"加"无相"二字修饰,意在强调"戒"是修行的工具和手段,而不是目的;"戒"是通向觉悟的善巧方便,而不是死守的规矩。对"戒"的这种理解之道,也正是

[①] 韦据:韦据其人,事迹不详;《宋高僧传》《景德传灯录》有提及,但其具体事迹已难以考证。

佛法的根本精神之所在。

（二）

【原文】能大师言："善知识①！净心念摩诃般若波罗蜜法。"大师不语，自净心神，良久乃言："善知识静听：惠能慈父，本官范阳②，左降迁流岭南③，作新州④百姓。惠能幼小，父亦早亡。老母孤遗，移来南海⑤。艰辛贫乏，于市卖柴。忽有一客买柴，遂领惠能至于官店，客将柴去。惠能得钱，却向门前，忽见一客读《金刚经》。惠能一闻，心明便悟。乃问客曰：'从何处来，持此经典？'客答曰：'我于蕲州黄梅县东冯茂山⑥，礼拜五祖弘忍和尚，现今在彼，门人有千余众。我于彼听见大师劝道俗，但持《金刚经》一卷，即得见性，直了成佛⑦。'惠能闻说，宿业⑧有缘，便即辞亲，往黄梅冯茂山礼拜五祖弘忍和尚。"

---

① 善知识：指德高望重的僧人、居士，又泛指所有引导众生弃恶扬善、入于佛道者。此处的"善知识"是惠能对在场听众表示尊重的称呼。
② 范阳：今河北涿州。
③ 左降迁流岭南：左降，贬官；迁流，流放、贬逐；岭南，指五岭之南，五岭由越城岭、都庞岭、萌渚岭、骑田岭、大庾岭五座山组成。
④ 新州：今广东新兴。
⑤ 南海：今广东佛山一带。
⑥ 蕲州黄梅县东冯茂山：蕲州，今湖北蕲春；黄梅县，今湖北黄梅；冯茂山，在今湖北黄梅县东北，又被称为"东山"。
⑦ 即得见性，直了成佛：性，不变的自性、本体；直了，直下了悟，也就是当下顿悟的意思。
⑧ 宿业：又称"宿作业"，指前世的行为所造成的现世的后果。

【译文】惠能大师说:"善知识!自净其心,念诵摩诃般若波罗蜜法。"大师不言不语,使自己心神清净,很久才说:"善知识,请静听我言:惠能慈爱的父亲本在范阳做官,后来遭受贬谪,迁徙流亡到岭南一带,成为新州百姓。在惠能年幼时,父亲便去世了。只剩惠能和老母亲,移居到南海生活。日子过得艰辛贫乏,靠去到集市上卖柴为生。一日,忽然来了一位客人买柴,并带领惠能把柴送到客店,客人买了柴去。惠能得到钱正准备退出店门外,忽然见到一位店客诵读《金刚经》。惠能一听,心中明了,即刻领悟。惠能于是向客人询问:'您带着这部经书典籍,从什么地方来?'客人回答说:'我在蕲州黄梅县东的冯茂山拜访禅门五祖弘忍大师,现在大师就在那里,门下弟子有一千多人。我在那里听见大师劝说听众们,只要诵持一卷《金刚经》,便能得见本性,当下了悟成佛。'惠能听了客人的一番话,感到前世有缘,于是立即向老母辞别,前往黄梅县冯茂山拜访五祖弘忍大师。"

【解说】促使惠能决心学习佛法的重要因素是《金刚经》,后面还会讲到促成惠能觉悟的因素也是《金刚经》,可见《金刚经》对惠能思想的影响。因此,要理解好《坛经》中的大智慧,《金刚经》将是一部很好的前导经典。

(三)

【原文】弘忍和尚问惠能曰:"汝何方人?来此山礼拜吾,汝今向吾边,复求何物?"惠能答曰:"弟子是岭南人,新州百姓,今故远来礼拜和尚,不求余物,唯求作佛。"大师遂责惠能曰:

"汝是岭南人,又是獦獠①,若为堪作佛!"惠能答曰:"人即有南北,佛性②即无南北;獦獠身与和尚不同,佛性有何差别?"大师欲更共语,见左右在旁边,大师便不言,遂发遣惠能令随众作务。时有一行者③,遂差惠能于碓坊④,踏碓八个余月。

【译文】 弘忍大师问惠能道:"你是什么地方的人?来这山里拜访我,你现在到我这里,求的又是什么东西呢?"惠能回答说:"弟子是岭南人,是新州的百姓,现今长途跋涉而来拜见大师,不求别的,只求成佛。"大师接着言辞犀利地责问惠能:"你是岭南人,又是个獦獠,如何能够成佛呢!"惠能回答说:"人本来就有南北之分,而佛性本来就没有南北之分;身为獦獠虽与和尚不同,但佛性有什么差别呢?"弘忍大师想要与惠能进一步交谈,不过看到左右有人在旁,也就不再言语,于是指示惠能跟随众人劳动。当时有一位行者,差遣惠能在碓房舂了八个多月米。

【解说】"人人皆有佛性",是大乘佛教的一个基本观念。这一观念在传入中国的过程中,曾于南朝刘宋时期引起过广泛讨论,已为时人广为接受。此事至惠能时代已逾两百年,因此,"人人皆有佛性"已是佛教的一个基本常识。不过,佛教修行不仅重

---

① 獦獠:泛指南方各少数民族,是对南方少数民族的一种蔑称。
② 佛性:觉性。大乘佛教认为一切众生都有佛性,人人都具有觉悟之自性、本性。
③ 行者:泛指修行佛法之人,具体指尚未正式落发为僧、居住在寺院内、帮忙处理杂务之人。
④ 碓坊:舂米的作坊。

"知",更重"行"。常言道:"言下悟易,事上行难。"将言语观念上所悟用于世事实践之中,才是佛教修行的最高境界。由此就不难理解,为什么惠能回答"人即有南北,佛性即无南北;獦獠身与和尚不同,佛性有何差别"时弘忍会内心讶异了。因为,知道"人人皆有佛性"不是难事,能将这一大乘佛教基本观念运用于实践才是难事,而惠能做到了。

(四)

【原文】五祖忽于一日唤门人尽来,门人集讫。五祖曰:"吾向汝说,世人生死事大。汝等门人,终日供养①,只求福田②,不求出离生死苦海。汝等自性迷,福门何可救汝?汝等且归房自看,有智慧者,自取本性般若之智,各作一偈③呈吾。吾看汝偈,若悟大意者,付汝衣法④,禀为六代。火急作!"

【译文】五祖弘忍大师有一天忽然叫来所有的门人,待门人集合完毕,弘忍大师说:"我对你们说,世间之人当以追求解脱、出离生死为本分大事。你们这些门人整天供养,只希求获得福报,却不追求从死生轮回的三界苦恼中彻底解脱出来。你们的自性既已被迷惑,又向何处去求能够解救你们的福德之门呢?

---

① 供养:又作"供""供施""供给"等,指为佛、法、僧三宝及师长、亡者等提供衣、食及其他物品。
② 福田:福德之田,如农人耕田能得收获,僧信行供养能得福报,故以田为喻。
③ 偈:又称"颂",一种略似于诗的有韵文辞,通常以四句为一偈。
④ 衣法:指衣与法,衣是指传法之衣,即袈裟,法是指佛法、法门。

你们暂且回房去自己反思，若是有智慧的人，便能反观到自性中本具有的菩提般若之智，各自作一首偈交给我吧。让我看看你们的偈，如果谁能领悟到佛法的意旨，我便将法衣和佛法传授给你，承接我成为第六代祖师。赶快去作吧！"

【解说】这一节内容讲五祖弘忍开启掌门人选拔的工作。弘忍首先对门人进行了一番批评，指出他们终日只求福田，不求苦海解脱。其实弘忍的批评是很有意味的一种批评，他指出的这种现象，恰恰是在学习佛教文化过程中我们尤应注意的一种现象。佛教到底要解决什么问题？即使在今天很多人依然不了解，依然像弘忍说的只知求福田，而不知何为解脱。我们知道，解脱人生之苦才是佛教要解决的根本问题，要获得解脱则需要有般若智慧，而般若智慧又非常注重修行，也就是将这种智慧落实到行为之中。从弘忍对弟子们的批评我们能感觉到，他们并不拥有这种智慧。他们跟随弘忍学习佛法，难道不知道什么是般若智慧吗？比如他们不知道"人人皆有佛性"吗？他们肯定知道这一常识，但是具体到实践中他们为什么还是落入求福田的境地呢？这是一个值得思考的问题，也是我们在后面解读《坛经》中的般若智慧时尤应注意的一个问题。弘忍的批评值得我们警醒，这不仅是对他弟子的批评，也是对我们很多人的提醒。这是在提醒我们，佛教智慧不仅仅是停留于语言层面的知识，更应该是落实于实践中的能力。"言下悟易，事上行难"，这是我们进一步感悟《坛经》中的般若智慧时应时刻提醒自己的八字真言。

（五）

【原文】门人得处分，却来各至自房，递相谓言："我等不须澄心用意作偈，将呈和尚。神秀①上座是教授师②，秀上座得法后，自可依止③，偈不用作！"诸人息心，尽不敢呈偈。时大师堂前有三间房廊，于此廊下供养，欲画楞伽变④，并画五祖大师传授衣法流行后代为记。画人卢珍看壁了，明日下手。

【译文】门人们得到弘忍大师的吩咐后，各自回到自己的房间，相互转告说："我们没有必要净心专注地作偈子，交给大师。神秀上座是我们的教授师，他要是得了法，我们自然可以依靠并跟随他，就不必自己作偈了。"众人平息了作偈的想法，都不敢向弘忍大师呈上偈子。当时，弘忍大师的法堂前有三间房廊，大师在这廊下供养，想要请人画《楞伽经》中的故事以及他亲自传授法衣与佛法的经过，以便记录下来流传于后世。画师卢珍看过廊壁，准备明天开始作画。

---

① 神秀：禅宗北宗创始人。俗姓李，汴州尉氏（今属河南）人，因居五祖门中第一位，有"神秀上座"之名。
② 教授师：又称"教授阿阇梨"，佛教授具足戒须有三师七证，教授师是三师之一，对受戒者教授受戒、舍戒、忏悔、祈愿等的仪式做法，以及日常行、住、坐、卧等的行为规范。
③ 依止：依附，依托，依靠并止住于有德行、有力量之处而不离开。此处指众僧将来可以依靠神秀。
④ 楞伽变：变，或称"变相"，指以图画来描绘佛教故事并阐发佛教教义。楞伽变，就是讲说《楞伽经》的故事，把这种经变画出来。

【解说】从弘忍弟子们的反应来看，我们不禁要问，难道他们不知道"人人皆有佛性"吗？好像他们真的不知道，他们似乎认为神秀比他们优秀，或者认为神秀的悟性比他们高，或者认为神秀有佛性而他们没有。不过，"人人皆有佛性"这一常识他们肯定知道，但为什么这个时候他们就忘记了这一常识呢？而且忘记了这一常识背后强调的"法无定法"。每个人都有自己的觉悟方法，他人的方法不能代表自己的法，自己的法是什么？这要靠自己去悟。其实这就是弘忍为什么要求每个人去写自己的本性般若之智的原因。显然弟子们没有能够悟到这一层，反倒认为神秀得法后依靠他修行就可以了。什么是"言下悟易，事上行难"？这个细节又再次说明了这个问题。我们相信这些弟子平时学习佛法一定也很用功，而且大家也都知道"人人皆有佛性""法无定法"这些知识，只不过如何把这些知识转化为可行的智慧，显然他们差得还很远。

（六）

【原文】上座神秀思惟："诸人不呈心偈，缘我为教授师，我若不呈心偈，五祖如何得见我心中见解深浅？我将心偈上五祖呈意，求法即善，觅祖不善，却同凡心夺其圣位。若不呈心偈，终不得法。"良久思惟，甚难甚难！夜至三更，不令人见，遂向南廊下中间壁上题作呈心偈，欲求衣法。"若五祖见偈，言此偈语，若访觅我，我见和尚，即云是秀作。五祖见偈言不堪，自是我迷，宿业障重，不合得法，圣意难测，我心自息。"秀上座三

更于南廊下中间壁上秉烛题作偈,人尽不知。偈曰:

身是菩提树①,心如明镜台。时时勤拂拭,莫使有尘埃②。

【译文】神秀上座心想:"众人都不向弘忍大师呈上自己用心写成的偈子,是因为我是教授师,我如果不呈上心偈,大师怎能了解我内心对佛法领悟程度的深浅呢?我向大师呈上心偈的意愿如果是为求佛法就是善的,如果是为夺取祖师地位就是不善的,夺圣位之心与凡夫俗子之心等同。如果我不呈上源于内心的偈子,便终究不能证得佛法。"神秀思考很久,感慨太难太难!到半夜三更无人知晓的时候,神秀去南廊下面中间的墙壁处题上已做好准备呈给大师的心偈,以求继承法衣与佛法。神秀想:"如果弘忍大师看见偈子后说了关于这偈子的话并寻找作者,那么我见到大师后就说偈子是我作的。如果大师看见偈子后说写得不好,那么自然是我自性被迷,前世业障深重,不合证得佛法的因缘,大师神圣的心意难以揣测,我的心思自然也就停歇了。"神秀上座在三更时拿着烛台往南廊下中间的墙壁上题偈,没有他人知道这件事。这首偈子写道:

身体就是让人觉悟的菩提树,心灵就是反照万物的明镜台。

时时刻刻修持使其清净明亮,不让它沾染世俗的污浊烦恼。

【解说】这一节叙述的神秀心理活动很有意思。不过,神秀的心理活动惠能是怎么知道的呢?当然,我们知道这是惠能在

---

① 菩提树:又称"觉树""道场树""思惟树",释迦牟尼正是在摩揭陀国伽耶城南菩提树下证得无上正觉。
② 尘埃:比喻世间一切染污真性,带来烦恼的现象。

叙事，重点不在于这个叙事是不是真实的，而在于通过这个故事我们能够悟到什么。所以，我们应重点关注神秀这首偈写得如何。这是一首非常有名的偈，大家之前可能都有所耳闻，我们这里暂且先不评点，先来看看弘忍是怎么评点的。

（七）

【原文】神秀上座题此偈毕，却归房卧，并无人见。五祖平旦①，遂唤卢供奉②来南廊下，画楞伽变。五祖忽见此偈，读讫，乃谓供奉曰："弘忍与供奉钱三十千，深劳远来，不画变相也。《金刚经》云：'凡所有相，皆是虚妄。'不如留此偈，令迷人诵。依此修行，不堕三恶③；依法修行，有大利益。"大师遂唤门人尽来，焚香偈前，众人见已，皆生敬心。弘忍曰："汝等尽诵此偈者，方得见性，依此修行，即不堕落。"门人尽诵，皆生敬心，唤言："善哉！"五祖遂唤秀上座于堂内，问："是汝作偈否？若是汝作，应得我法。"秀上座言："罪过！实是神秀作。不敢求祖，愿和尚慈悲，看弟子有小智慧识大意否？"五祖曰："汝作此偈，见解只到门前，尚未得入。凡夫依此偈修行，即不堕落；作此见解，若觅无上菩提，即不可得。要入得门，见自本性。汝且去，一两日思惟，更作一偈来呈吾，若入得门，见自本性，当付汝衣

---

① 平旦：天刚亮，即清晨。
② 供奉：以某种技艺侍奉帝王的人，卢供奉即是前文提到的卢姓画师。
③ 三恶：又称"三恶道"，指六道中的地狱道、畜生道、恶鬼道；与此相对的是"三善道"，即天道、人道、阿修罗道。

法。"秀上座去数日，作偈不得。

【译文】 神秀上座题完这一偈，便回房睡下了，并没有人发现。第二天清晨，弘忍大师便叫卢供奉来到南廊下画《楞伽经》中的故事。大师忽然看到了这首偈，读完便对卢供奉说："我给您三十千钱，劳烦您远道而来，不画楞伽变相了。《金刚经》中说：'凡是有相状的，都是变化无常的。'不如将这偈子留在廊壁上，让自性迷惑的人诵读。按照偈中的内容修行，能不堕入三恶道；按照佛法修行，大有裨益。"五祖大师于是唤来所有门人，在偈前烧香，众人见罢，都产生了恭敬之心。大师说："你们中诵读完这首偈子的人，才能见自本性，依照偈中内容修行，便能不堕入恶道。"于是门人都诵读佛偈，都产生了恭敬之心，纷纷称赞说："好啊！"大师于是把神秀上座叫到佛堂中，问："这首偈是你作的吗？如果是你所作，那么我应当传法于你。"神秀上座说："罪过啊！确实是我所作。我不敢妄求继承祖师之位，只希望您大发慈悲，看看弟子是否有些许智慧领悟佛法大意？"大师说："从这首偈来看，你对佛法的理解还停留在初级阶段，尚不深入。凡夫俗子依照这偈子修行，能做到不堕落恶道；但这样去理解佛法，想要觅得无上正等正觉的菩提般若之智，恐怕是万万不能的。只有深入法门，才能反观到自心本有的佛性。你暂且回去，思考一两天，再作一首偈子给我看，如果能入法门，洞见自己的本性，我便传法衣与佛法于你。"神秀上座离开数天，没能再作一偈。

【解说】 这一节主要讲了弘忍对神秀偈的评点。弘忍在评点神秀偈的时候，曾经引用《金刚经》中的一句话："凡所有相，皆是虚妄。"这句话怎么理解？其实这句话讲的还是空观问题。我们看到的一切事物和现象都不是永恒不变的，所以不要对任何"相"做不变的固化理解。这里有一点要注意：就是不要将"空"绝对化，万物有绝对运动的一面，还有相对静止的那一面；也就是说事物的某一刹那的"相"是确定的，但是下一刹那还是不是这个"相"是不确定的，有可能是也有可能不是，它会随着条件的变化而变化，这就是缘起。因此，所谓"空"是指万物一刹那的确定和无数刹那的不确定的一个结合。所以，佛教常说真正的"空"不是"空"也不是"不空"，而是"亦空亦不空"，这就是所谓的"中道"。所以"凡所有相，皆是虚妄"，不是说什么都没有，而是说我们要以"空"来观一切"相"，不要把任何一个"相"做固化理解。弘忍对神秀偈的评点也挺有意思，当着众弟子的面时，弘忍说神秀偈写得不错；但单独面对神秀时，弘忍给神秀说的是这首偈只能算登堂但还没有入室，就是说还没有"见性"。其实，弘忍对神秀偈的评价还是很中肯的。就是说一般人依此修行可以不堕三恶道，还是有好处的，但是要悟无上菩提，也就是真正悟到超越执着的境界还是差了点。那么神秀的偈到底差在哪里？读神秀偈我们能够感受到，在神秀的眼中是有"菩提树"，有"明镜台"，还有"尘埃"的，而这种观法背后都透露着对"相"的固化理解，而不是"凡所有相，皆是虚妄"。例如，在他眼中有一种东西叫"尘埃"，因为它叫"尘埃"，所以要"时时勤拂拭"；但他没有明白，没有什么东西一直就是

"尘埃",这一刹那可能是"尘埃",可是下一刹那是不是就不一定了。这就是空观。"菩提树"也是如此,"明镜台"也是如此,没有什么东西一直叫"菩提树",也没有什么东西一直叫"明镜台"。当然,这些都是比喻,所以"佛法"也是如此,所以"法无定法",没有一个东西永远叫"佛法"。"凡所有相,皆是虚妄","虚妄"不是不存在,而是不确定,这就是达到觉悟的般若智慧。所以,神秀偈写得确实有问题。

(八)

【原文】有一童子[①],于碓坊边过,唱诵此偈。惠能一闻,知未见性,即识大意。能问童子:"适来诵者,是何言偈?"童子答能曰:"你不知大师言生死事大,欲传衣法,令门人等各作一偈来呈吾看,悟大意,即付衣法,禀为六代祖。有一上座名神秀,忽于南廊下书无相偈一首,五祖令诸门人尽诵。悟此偈者,即见自性;依此修行,即得出离[②]。"惠能答曰:"我此踏碓八个余月,未至堂前,望上人[③]引惠能至南廊下,见此偈礼拜,亦愿诵取,结来生缘,愿生佛地。"童子引能至南廊下,能即礼拜此偈。为不识字,请一人读。惠能闻已,即识大意。惠能亦作一偈,又

---

① 童子:指八岁以上,未满二十岁,且尚未剃发得度之男子。童子常寄居于寺庙,侍奉比丘,为日后出家做准备。
② 出离:即超出脱离迷界、三恶道、生死轮回之苦而入佛道、涅槃极乐之境。
③ 上人:对智德兼备而可做众僧及众人师之高僧的尊称,这里是惠能对童子表示恭敬的称呼。

请得一解书人，于西间壁上题着，呈自本心。不识本心，学法无益；识心见性，即悟大意。惠能偈曰：

菩提本无树，明镜亦无台。佛性常清净，何处有尘埃？

院内徒众，见能作此偈，尽怪，惠能却入碓坊。五祖忽来廊下，见惠能偈，即知识大意。恐众人知，五祖乃谓众人曰："此亦未得了。"

【译文】有一名童子，在舂米的作坊旁边经过时，吟诵着神秀所作的偈子。惠能一听，就知道作这首偈的人并没有完全洞彻自心佛性，同时也当即领悟到了真正的佛法大意。惠能问童子："刚才你吟诵的偈子是谁写的？"童子回答惠能说："你不知道，弘忍大师说，追求解脱、出离生死对人来说是本分大事，想要传授法衣和佛法，让门人们每人作一首偈给他看，谁领悟了佛法大意，便将衣法交付给谁，让他做第六代祖师。有一位名叫神秀的上座大师，忽然在南廊的墙壁上题了一首无相偈，弘忍大师让门人们都吟诵这首偈。领悟它的人，便能见到自心佛性；按照偈子中的内容修行，便能出离生死轮回之苦。"惠能回答道："我在这里舂了八个多月的米，没能到法堂前，希望上人您能把我带到南廊下，观看并礼拜这首偈，我也希望能吟诵它，缔结来世因缘，愿来世修得佛果。"童子带惠能到南廊下，我便礼拜这首偈。惠能不识字，就请了一个人诵读。惠能一听完，便领悟了神秀的偈所传达的含义。惠能便也作了一首偈，又请一位会写字的人将所作的偈题在西墙上，以呈露对佛法大意的理解。不识自心自性，修习佛法便毫无意义；认识自心、反观自性，即可

领悟佛法大意。偈语这样写道:

菩提本来便没有什么树,明镜也从来没有什么台。

佛性从来都清净明亮,世俗的污浊烦恼从哪里来?

寺院内的弟子、信众,看到惠能作的偈子,都感到奇怪,而惠能则回到了舂米的作坊。弘忍大师忽然来到廊下,看到了惠能所作的偈子,便立刻知道惠能领会了佛法真义。大师担心众人得知其中奥妙,于是对众人说:"这也是未能了悟。"

【解说】这一节讲了惠能作偈的过程。有意思的是,从小童子对惠能的叙述可以看出,他掌握的佛教知识不可谓不专业,但是显然他并没有认识到神秀偈中存在的问题。当然,作为教授师的神秀所掌握的佛教知识应该更为丰富和专业,但他写偈时也没意识到其中存在的问题;惠能是一个大字不识的厨房杂工,但他一听神秀偈便意识到有问题。这两类人的对比是一个很有意思的现象,也就是说知识的丰富与否和能不能悟到般若智慧是一个什么样的关系?这是一个值得思考的问题。这一现象至少是在提醒我们思考:什么是般若智慧?怎么样才能把握般若智慧?

接着我们来看惠能偈。其实我们明白了神秀偈的问题,再来看惠能偈就不难理解了。显然惠能看到了神秀偈的问题,并针对他的问题写了自己这首偈。"菩提本无树"什么意思?神秀偈我们前面分析过,他心中有一个东西叫"菩提树",当然这是对佛法的一种比喻,也就是说他心中有一种法叫"佛法"。从空观来看,我们知道没有一种法它一直叫"佛法",比如佛祖在菩提树下悟道的方法，是不是就是"佛法"呢？那可不一定，因为对佛祖而言此方法适用，但对其他人呢？千百年来难道对每一个人都适用吗？那可不一定。每一个人都应该去寻找适合自己的"佛法"，那才是真正的"我的佛法"。所以，没有什么法永远叫"佛法"，这是佛教的空观。"菩提树"如此，"明镜台"亦如此。以"明镜"比喻"心"是佛教常用的一种比喻，用干干净净的"明镜"来比喻"心净"的状态。不过，"心"到一种什么样的状态叫"净"？是不是有一种固定的状态呢？实际上从空观的角度我们知道，你的"心"在这个状态叫"净"，他的"心"在那个状态叫"净"，两种状态不一定是一样的。其实从来就没有一种固定的叫"净"的状态，所以"明镜亦无台"。"尘埃"也是一种比喻，我们可以把它理解为"执着"。那么有什么行为永远叫"执着"吗？一件事在此做可能是执着，但若换一个语境来做可能就不是执着；一件事你这样做叫执着，但若换一个人也这样做，那可不一定就叫执着。这就是空观。可是在神秀的眼中显然有一种东西就叫"尘埃"，所以他才"时时勤拂拭"。在惠能偈中，无论是"菩提树""明镜台"，还是"尘埃"，都不将这些"相"做固化理解，这就叫"凡所有相，皆是虚妄"。注意"虚妄"绝不是说不存在，而是说不要对"相"做固化理解，这就是空观。如果明白了这一点，就可以"佛性常清净"，也就是说能够"觉悟"了。

其实上述道理用语言表达很容易，弘忍的弟子们知不知道呢？我觉得他们都知道，神秀也好，小童子也罢，弘忍之前肯定给他们都讲过这些知识。可是"言下悟易，事上行难"，我们真正能做到在面对每一个刹那的时候，都能够如此空观吗？我们都能做到"凡所有相，皆是虚妄"吗？谈何容易？说是很容易的，但是真正将这些知识用在行上，做到知行合一，很不容易。所以把握般若智慧不是一件容易的事，"知行合一"方为无上的般若智慧。我们从神秀偈和惠能偈的比较，看到了"教授师"与"踏碓工"在悟法上的差异，知识丰厚的"教授师"和不识一字的"踏碓工"，一个是知，一个是悟。这两者是什么关系？是一个值得思考的问题。

（九）

【原文】五祖夜至三更，唤惠能堂内，说《金刚经》。惠能一闻，言下便悟。其夜受法，人尽不知，便传顿教法及衣，以为六代祖。衣将为信禀，代代相传；法以心传心[①]，当令自悟。五祖言："惠能！自古传法，气如悬丝！若住此间，有人害汝，汝即须速去。"

【译文】夜半三更的时候，弘忍大师把惠能叫到法堂里，教授《金刚经》。惠能一听大师讲，便领悟了佛法大意。那夜弘忍大师对惠能讲授佛法，没有他人知道这件事。五祖弘忍大师将宗门顿悟衣法传付于惠能，指定惠能成为宗门的第六代祖师。

---

① 以心传心：禅宗强调"不立文字""不依经论"，唯师徒直接面授，以心镜相照，传佛法大义，称为"以心传心"。

法衣袈裟将作为信物凭证，一代代传承下去；佛法则需"以心传心"，使弟子们各自证悟。弘忍大师说："惠能！自古至今，传法这件事就如悬丝般的一口气一样凶险！你住在这里，有人会加害于你，你必须赶紧离开。"

【解说】这一节讲弘忍给惠能传法。弘忍为什么要给惠能讲《金刚经》呢？显然，弘忍说惠能偈未得法是很中肯的。为什么这么说呢？我们来分析一下，惠能偈与神秀偈是一种什么样的关系。我们前面已经分析过，神秀眼中的"菩提树""明镜台""尘埃"等"相"是有确定性的"相"，是有所执的；而惠能看到了神秀偈中的问题，并针对性地写了自己的偈，强调"无菩提树""无明镜台""无尘埃"，即不要对"相"做确定性理解。这种针对是有意义的，对神秀偈中问题进行了纠偏；但是，如果我们把惠能偈单独拿出来看的话，显然也是有问题的。这个问题就是说他只是在纠偏，但并没有去完全呈现自性般若的那种境界。简单地说，如果我们把神秀的偈看作是一种"执有"的状态，即对"相"做确定的理解，那么惠能的偈则是一种"执无"的状态，即对"相"做不确定的理解。"有"与"无"是两边，我们知道佛教的般若智慧强调"不落一边"，所以单独看惠能偈，确实还不那么圆融。因此，弘忍才半夜三更把惠能叫到自己房间为他讲《金刚经》。敦煌本《坛经》中没有记录惠能具体听了什么，但宗宝本中记录了惠能听到《金刚经》中"应无所住而生其心"一句时言下大悟。前面曾出现过《金刚经》的一句话——"凡所有相，皆是虚妄"，这句话非常重要；这里又出现了《金刚经》的第二句话,这句话也非常重要。这句话是什么意思呢?"无所住"就是不要有所定住,就是心不要定住在任何一个"相"上。通俗地讲,就是任何一个"相"都不要做固化的理解,不要定住在"有菩提树",也不要定住在"无菩提树",这就叫"无所住"。我们前面解释"凡所有相,皆是虚妄"时也提到过类似的理解。其实某一事物的真相是什么,我们是不能做固化理解的,但是对"不做固化理解"也不能绝对化。因为一事物的"真相"在某一刹那其实是确定的,但下一刹那是什么样子? 无数个刹那应该是什么样子? 那就不确定了。可能还是那个样子,也可能不是,我们只能说不一定,它会随着条件的变化而变化,这就是缘起,这就是性空。所以事物的"真相"应该是既确定又不确定的一个状态,我们不能把确定给固化了,也不能把不确定给固化了,这就叫"中道",这就叫"不落一边"。所以"时时勤拂拭"是有所住,"本来无一物"何尝不是一种有所住呢? 这是两边,一个住于有,一个住于无;真正的无所住是"不落一边",佛教称为"中道"。只有真正理解了无所住的中道境界,才能真正理解什么是"空",我们才能悟到涅槃境界。语言只能说到这里,那是一种什么境界,得靠我们自己去感悟了。

上述《金刚经》中的两句话从不同的角度对空观做了非常好的阐释,我们一定要记住这两句话。针对这一思想,如来在《金刚经》中还说了四句偈,我们也来了解一下。这四句偈就是"一切有为法,如梦幻泡影,如露亦如电,应作如是观"。"一切有为法"就是指一切事物和现象,中间连用了四个比喻——梦幻、泡影、露、电,它们都是转瞬即逝的东西。这四句偈其实是在说:一切事物和现象,我们都应该以空观之。如来用这四句偈提醒人们,以空观万事万物,才能看清它们的本然真相,如此才能够超越执着,解脱人生之苦。

第三节 仁者心动

(十)

【原文】能得衣法,三更发去。五祖自送能至九江驿①,登时便别,五祖处分:"汝去,努力将法向南,三年勿弘此法,难去在后弘化,善诱迷人,若得心开,与吾悟无别。"辞违已了,便发向南。

【译文】惠能得到弘忍大师的衣法后,三更时出发,离开寺院。大师亲自把惠能送到九江驿渡口后,立即告别,临别时嘱咐惠能:"你离开后,尽力向南传法,但三年内不要传这顿教法,等度过了遭人陷害的劫难后再弘扬佛法、化度众生,善于劝诱引导愚迷之人,如果能够使他们明心见性,那么就和我开悟一样没有差别。"惠能与弘忍大师辞别后,就出发向南行。

---

① 九江驿:唐代驿站名称,地处黄梅县正南的长江岸边。

（十一）

【原文】两月中间，至大庾岭①，不知向后有数百人来，欲拟捉惠能，夺衣法，来至半路，尽总却回。唯有一僧，姓陈名惠顺②，先是三品将军，性行粗恶，直至岭上，来趁把着，惠能即还法衣，又不肯取。惠顺曰："我故远来求法，不要其衣。"能于岭上，便传法惠顺，惠顺得闻，言下心开，能使惠顺即却向北化人。

【译文】大约过了两个月，惠能到达了大庾岭，不知道后方有数百人追来，想要捉住惠能，夺走弘忍大师所传授的袈裟，这些人追到半路就返回了。只有一位僧人，俗姓陈名为惠顺，早年间是位居三品的将军，性格、行为粗俗恶劣，一直追赶惠能到山岭上，趁机把惠能捉住，惠能便把袈裟给他，他又不肯拿走。惠顺说："我特意远道而来，为求佛法，不为衣钵。"惠能便在山岭上将佛法传给惠顺，惠顺听得讲法之后，内心便有所开悟，惠能便让惠顺立即向北度化世人。

【解说】以上两节主要叙述惠能得衣法后离开五祖寺返回广东的经历。敦煌本《坛经》对之后的事情未做详细记载，但是在宗宝本《坛经》中，还记载了惠能隐姓埋名多年后在广州法性寺出家的事情，尤其是"风幡之争"的故事，在后世影响非常大。所以，下面也将这部分内容补充进来。

---

① 大庾岭：位于江西大余县南、广东南雄市北。
② 惠顺：惠昕本、契嵩本、宗宝本均作"惠明"。

（补）

【原文】惠能后至曹溪，又被恶人寻逐，乃于四会，避难猎人队中，凡经一十五载，时与猎人随宜说法。猎人常令守网，每见生命，尽放之。每至饭时，以菜寄煮肉锅。或问，则对曰："但吃肉边菜。"一日思惟："时当弘法，不可终避。"遂出至广州法性寺；值印宗法师，讲《涅盘经》。因二僧论风幡义，一曰风动，一曰幡动，议论不已。惠能进曰："不是风动，不是幡动，仁者心动。"一众骇然，印宗延至上席，征诘奥义。

【译文】惠能后来来到曹溪，又被恶人追寻，于是来到四会避难，混迹于猎人群体中，前后经历十五年，其间常向猎人们随机说法。猎人们常让惠能守网，每次见到落网动物，惠能都会将它们放生。每到吃饭的时候，惠能总是将蔬菜放在肉锅里煮。有人问他为什么，惠能回答："我只吃肉锅里的蔬菜。"有一天惠能心里想："现在该出去弘法了，不能总是这样避难隐遁呀。"于是惠能离开四会，来到广州法性寺，正好碰上印宗法师在此讲《涅槃经》。这时有两位僧人正在讨论风幡问题，一个僧人说是风在动，另一个僧人说是幡在动，两人争论不休。惠能听到后上前对他们说："其实既不是风在动，也不是幡在动，是你们的心在动。"在场的僧人听到惠能的话都惊讶不已，印宗法师赶紧将惠能请到上座，并向惠能请教一些深奥的佛理。

【解说】宗宝本《坛经》补充的这部分最重要的就是"风幡之争"的故事。我们已经了解了佛教智慧的基本逻辑，即佛教对事物的根本看法是"缘起性空",并强调应空观万物。前面结合这一智慧也对一些事例进行了尝试性分析,这里我们便用这一智慧再来尝试分析一下"风幡之争"中两位年轻僧人的说法到底有什么问题。其实,"风动"是一种"相","幡动"也是一种"相"。"凡所有相,皆是虚妄",当我们从这个角度出发,便很快能看到两位年轻僧人说法的问题。一个僧人说"风在动",有错吗?我们只能说不一定错。可是当他把这个"相"当成定论时,就有问题了。另一个僧人说"幡在动",也是同样的道理。我们不能说他完全错,因为在某一刹那可能真是"风在动",另一刹那可能真是"幡在动",那么无数个下一刹那呢?那就不好说了。所以,我们不能把任何一种"相"简单地做固化理解,但这两位僧人显然是在做固化理解,他们都认为自己看到的是正确的。那么惠能说"不是风动,不是幡动,仁者心动"是什么意思呢?这里有一点要注意,后面见到《坛经》中出现"不是"的时候,就像"本来无一物",千万不要简单理解为否定:"不是风动"不是说"风动"就是错的,而是说对"风动"这个表相不应做固化理解。所以"仁者心动"就是说两位僧人的心随"物相"而动,忽略了"性空"这个不应动的"实相",忽略了空观万物这一佛教根本智慧。以空观万物,对事物就不会简单地下固化结论,显然两位年轻的僧人没有悟到这一点。

从惠能悟法的经历可以发现,固化的"成见"是阻碍人们看清事物真相非常常见的因素。因此,破除"成见"是让我们拥有一双火眼金睛的重要途径。

第五章
定慧无住

从这一章开始进入惠能讲法部分的导读。讲法部分包括敦煌本《坛经》的第十二至三十三节，分三章来讲。本章导读第十二至十九节，这部分惠能主要讲授了般若之智、定与慧、一行三昧、顿与渐、坐禅等概念中所包含的佛教智慧。

第一节 般若本有

（一二）

【原文】惠能来于此地，与诸官寮、道俗，亦有累劫[①]之因。教是先圣所传，不是惠能自知。愿闻先圣教者，各须净心，闻了

---

① 累劫：劫，原为古代印度婆罗门教极大时限之时间单位；佛教沿用之，而视之为不可计算之长大年月，以劫为基础来说明世界生成与毁灭之过程。累劫，连续数劫，谓时间极长。

愿自除迷，如先代悟。（下是法）惠能大师唤言："善知识！菩提[①]般若之智，世人本自有之，即缘心迷，不能自悟，须求大善知识示道见性。善知识！愚人智人，佛性本亦无差别，只缘迷悟[②]，迷即为愚，悟即成智。"

【译文】惠能来到这里，与官僚、僧尼、信众们见面，也是有由来已久、不可追溯的因缘。教法是先圣们所流传下来的，不是惠能独自知解的。希望聆听前代圣人教诲的人，必须各净其心，愿你们听后自然而然地消除愚迷，像前代圣人一样大彻大悟。（下面是惠能大师讲法的内容）惠能大师说："善知识！世间人原本便拥有大智慧，只因内心迷惑，不能自己开悟，必须向能为自己明示正途使自己识见本性的大师求法，开示大道，明心见性。善知识！愚迷的人与智慧的人，拥有的佛性原本没有不同，只因为有的人迷误而有的人觉悟而已，迷惑就成为愚人，开悟就成为智者。"

【解说】惠能讲法开篇就说："菩提般若之智，世人本自有之。"这句话怎么理解？我们能感受到这和"人人皆有佛性"是相通的，"人人皆有佛性"是说人人都有成佛的可能性。我们知道，般若智慧是成佛的关键。正如《心经》开篇所说，有了般若智慧就可以悟到"五蕴皆空"的境界，然后就可以度"一切苦厄"了，所以人人应该也有成佛的般若智慧。不过，惠能这

[①] 菩提：译为觉、智、知、道，指断绝尘世一切烦恼，成就涅槃的智慧。
[②] 迷悟：为惑业所缠缚，称作"迷"；解脱惑业，了知真理，称作"悟"。

里所说的"世人本自有之"的"菩提般若之智",应该更侧重于强调每一个人自己的般若智慧。所谓"世人本自有之",不是说有一个东西叫"般若",而我们每个人心中都有这个东西。我们从空观的角度来看,就知道这么理解有问题。应该说没有一个东西一直叫"般若智慧",也没有一种般若智慧是所有人的般若智慧。所以,我们每个人都应该去悟自己的般若智慧,觉悟之路千千万,哪一条属于自己得靠自己去悟,这就是空观。例如悉达多太子在菩提树下悟出了一套自己的般若智慧,如果我们将这个般若智慧照搬过来,是不是我们也能够觉悟呢?我们只能说那可不一定。这个法可能适合这些人,但也可能不适合那些人,每个人都有适合于自己的方法和道路、适合于自己的般若智慧,所以每个人都应该去寻找自己的觉悟之路。往后读《坛经》会发现"自悟"这个词在《坛经》中出现的频率非常高,现在我们应该明白惠能为什么反复强调了,因为"我的般若智慧"和"你的波若智慧"是不一样的,所以每个人只能靠自己去悟。那么,是什么让芸芸众生心迷不能自悟呢?最根本的因素应该是他们无法照见"五蕴皆空",也就是他们不擅长用空观去看世间的万事万物,而更擅长用固化的知识去理解一切,依"成见"去观世界,这就是"心迷"。"心迷"怎么办呢?惠能说可以请大善知识"示道见性"。大善知识就是有般若智慧的人,他们能够找到自己的觉悟之路,所以迷人可以请他们"示道见性"。显然,大善知识只能"示道"。他可以讲他的般若智慧是如何悟到的,也可以讲是如何找到自己的觉悟之路的，但是，他不能帮迷人"见性"，迷人想悟到自己的般若智慧或找到自己的觉悟之路只能靠自己。所以，大善知识只能"示道"，"见性"得靠自己。最后，惠能还提到了"愚人""智人"的问题。世人习惯于从"成见"的角度来固化地看这两个概念，惠能则提醒人们应从空观的角度来看"愚人"和"智人"。"迷即为愚，悟即成智"，迷人不一定永远迷，悟人也不一定永远悟，事物一直在发生着变化。愚人悟即变为智人，智人迷即变为愚人。因此，不要对任何事物做固化理解，这就是空观。

（一四）[1]

【原文】一行三昧[2]者，于一切时[3]中，行住坐卧，常行直心[4]是。《净名经》[5]云："直心是道场[6]，直心是净土[7]。"莫心行谄曲，

---

[1] 十三、十四两节，此处根据具体内容略做先后调整。
[2] 一行三昧：三昧，有等持、正定、正心行处等含义，即将心专注于某一处境的安定状态。一行三昧，指的是心专于一行而修习之正定。
[3] 一切时：指连续不断而无穷无尽的时间。无论何时，包括过去、现在、未来的所有时间，都称为"一切时"。
[4] 直心：质直而无谄曲之心也，此心是万行之本。
[5] 《净名经》：《维摩诘所说经》之通称，姚秦鸠摩罗什译；玄奘法师将《维摩诘所说经》的经名译为《无垢称经》，玄奘以后则皆以《净名经》称之。
[6] 道场：狭义的道场，指中印度菩提伽耶的菩提树下之金刚座上佛陀成道之处，又作"菩提道场""菩提场"；广义的道场，指的是一切修习佛法的场所。
[7] 净土：指菩提修成、没有尘世俗气之清净世界。佛教认为，"土"是由"心"而现的，心秽则现秽土，心净则现净土。净土，是大乘佛教宣说的一种修行法门。

口说法直，口说一行三昧，不行直心，非佛弟子。但行直心，于一切法上，无有执着，名一行三昧。迷人着法相①，执一行三昧，直言坐不动，除妄不起心，即是一行三昧。若如是，此法同无情②，却是障道因缘③。道须通流，何以却滞？心不住法，道即通流，住即被缚。若坐不动是，维摩诘④不合呵舍利弗⑤宴坐⑥林中。善知识！又见有人教人坐，看心看净，不动不起，从此置功。迷人不悟，便执成颠，即有数百般如此教道者，故知大错。

【译文】所谓的"一行三昧"，就是在任何时间中，在行住坐卧等一切行为中，把平直如实之心落到实处。《净名经》中说："平直如实的心是修行的场所，平直如实的心是清净的世界。"内心不要产生谄媚歪曲的念头，嘴上说着佛法平等正直，口中挂着专于一行修习正定，却不能怀着平直如实之心行事，这样的人不是佛的弟子。常怀平直如实之心，对待一切事物和现象不要过度迷恋与追求，这就叫"一行三昧"。愚迷的人拘执于佛法的种种名相，拘执于专于一行修习正定的表面形

---

① 法相：诸法具有种种可见的表相，故曰"法性一而相万"。
② 无情：指无情识、活动之矿物、植物，如山河大地及草木等。
③ 因缘：为"因"与"缘"之并称。因，指引发结果的直接、内在原因；缘，指引发结果的间接、外在原因。
④ 维摩诘：简称"维摩"，又作"毗摩罗诘""无垢称""灭垢鸣"等，意译为净名，即清净无垢、远近闻名。维摩诘是佛陀的在家弟子，中印度吠舍离城居士，虽身处俗世，但修为颇高，对大乘佛教教义极为精通。
⑤ 舍利弗：意为舍利之子，佛陀十大弟子之一，出生时因眼似舍利鸟，故名"舍利"。
⑥ 宴坐：又作"燕坐"，指坐禅。

式，把"常行直心"理解成终日静坐不动，以使心中不产生妄念邪见，认为这就是"一行三昧"。果真如此的话，怀有这种见解的人便与草木土石等无情识之物类同，缺乏感知能力，这就是阻碍这些人修道证悟的原因所在。佛法的大智慧是无处不在、通达无碍的，怎么能够阻挡滞塞它呢？如果心执着于一定的事物或对象，就会被三界烦恼所束缚，不得自由解脱。如果只是长久地静坐不动是合适的修行方法，那么释迦牟尼的弟子舍利弗当年终日在林中坐禅，维摩诘就不应当斥责他。善知识！我又发现有人教授别人坐禅的功夫，在禅定中反观诸己、自净其心，身体静坐不动，内心意念不起，从这个地方下功夫修行。有一些愚迷的人不是真正懂得静坐背后的道理，就跟着学习，执着于外在的形式以至于本末倒置、走火入魔，就有许多像这样错误地去教导别人的人，我们也应知道其中存在着极大的谬误。

【解说】这一节惠能讲"一行三昧"。"一行三昧"的意思相当于禅定，这一概念去查词典很容易了解其含义。那么惠能到底在讲什么？可以看到，惠能所讲和词典上说的不太一样，什么是"于一切时中，行住坐卧，常行直心"？我们能明显感觉到惠能是在破除人们对"一行三昧"这一修行方法的"成见"。一种方法一旦成为一种知识被写进词典或指导书中，极易被固化为一种"成见"。例如"一行三昧"或"禅定"方法，在发展过程中慢慢形成了一套比较好的模式，在一个比较适合的地方如禅房，在特定的时间，有一系列规定的动作等，于是就成为一种非常专业的修行方法。有这套方法好不好？当然很好，但是这套方法也极易成为一个固定的模式。人们往往会要求自己或他人去遵守这个模式，并认为这样才是正确的禅定。从佛教空观来看，这种有所住的佛法理解显然是不对的，"应无所住而生其心""法无定法"才是正确的观法。佛法只是一条"筏"，其目的是载人到达"彼岸"（觉悟）。因此，只要能到达"彼岸"，这是一条什么"筏"，它怎么行驶，都不是问题，这就是"法无定法"。所以惠能强调，只要能达到"行直心"的目的，如何进行禅定不应做固化理解，无论什么时间，在禅房也好，行住坐卧也罢，都不是问题。惠能接着指出，一旦形成"成见"，人们常常会专注于这个固化的形式，执着于"法相"，甚至忘掉最终目的。所以，"心行谄曲，口说法直"这种现象的出现也就不奇怪了。当然，这并不是要否定在特定场所、特定时间以特定方式进行的禅定，这个方法若能帮助某人"行直心"，它就是此人的正法；反之，如果强调一定要有某种特定方式，但却不能"行直心"，那么即使这个方式做得再好，那也不是正法。通过这一讲我们感受到，惠能讲法有一个明显特点，他不是在告诉听众般若智慧是什么，而是告诉大家它不是什么，尤其是提醒人们不要对已学佛法做固化理解。因此，惠能不是在给中小学生上初级入门课，而是在给大学生上中级提高课，通过破除他们对已学基础知识形成的固化成见，引导大家能更好地理解什么是真正的佛法，以便能够去寻找属于自己的菩提般若之智。

第二节　定慧不二

(一三)

【原文】善知识！我此法门①，以定慧②为本。第一勿迷，言慧定别，定慧体一不二。即定是慧体，即慧是定用。即慧之时定在慧，即定之时慧在定。善知识！此义即是定慧等。学道之人作意，莫言先定发慧，先慧发定，定慧各别。作此见者，法有二相③。口说善，心不善，慧定不等；心口俱善，内外一种，定慧即等。自悟修行，不在口诤。若诤先后，即是迷人，不断胜负，却生法我④，不离四相⑤。

【译文】善知识！我这法门，以定、慧作为根本。第一，不要迷误地去说定与慧有区别，定与慧二者是一体的，不是彼此割裂的。定是慧的本体，慧是定的功用。当你在定中，一切都清晰明白，那么这就是慧。在一切清晰明白的时候，消灭了一切妄想、虚妄、分别，这也就是定。善知识！这一佛法大意便是定慧

---

① 法门：指修行入道的门径。
② 定慧：即禅定与智慧，又名"止观"。佛教有"三学"，即三种修行方法——戒、定、慧，分指持戒、禅定和智慧，用以破除贪、嗔、痴"三毒"。
③ 二相：指将具有整一性的万法看作如生死、有无、是非、人我、染净、内外等两种对立的表相，是传统二元对立思维方式的结果。
④ 法我：又名"法执"，是两种妄见——"二我"（人我、法我）之一。将所有存在（法）之本质认为是固定不变、有实体之物，称为"法执"。
⑤ 四相：指显示诸法变迁的生、住、异、灭等四相。

等同、止观双运。修习佛法的人注意，不要说先入定后生慧，或说先生慧后入定，或再说定与慧各自有别。怀有这种见解的人，就是认为佛法有两种相互不同的内容。口中有善言，内心却无善念，定慧就不是一体了，也就名存实亡；内心存善念，口中有善言，心口一致，内外相符，这便是定、慧的平等无差别。修习佛法注重亲自证悟修行，而并不注重口头上的争辩。如果谁执着于争论定慧孰先孰后、孰高孰低，就是愚迷的人，他们不肯断绝争辩的胜负之心，不了解世间万事万物都是因缘和合而成而苦苦追寻"本质"或"本我"，陷入生、住、异、灭等相状中不可自拔。

（一五）

【原文】善知识！定慧犹如何等？如灯光，有灯即有光，无灯即无光。灯是光之体，光是灯之用。名即有二，体无两般。此定慧法，亦复如是。

【译文】善知识！定与慧的关系像什么呢？定与慧就像灯与光一样，有灯就有光明，没有灯就没有光明。灯是光的本体，光是灯的作用功效。它们的名称有别，但实际上却是一体的。定与慧的道理，也是这样。

【解说】这两节都在讲"定慧"问题，所以合起来解说。定、慧是佛教"三学"中之"二学"。佛教将所有修行方法归为戒、定、慧三类，简称"三学"。为什么惠能一开始就强调"定慧体一不二"？这如前面提到，惠能这次讲法不是在讲入门课，而是在讲提高课，也就是听众已掌握基本佛法，而惠能来进一步讲解如何理解这些佛法。"三学"是常识，但也很容易成为"成见"。例如"先定发慧，先慧发定，定慧各别"，这个说法有错吗？正确的回答是不能说全错，但肯定有问题。定、慧作为佛教"二学"，当然有别，确实是两类不同的佛法；但若因此将两者的分别固化，并由此推导出"先定发慧"或者"先慧发定"，那就有问题了。我们知道，虽然定、慧是修行方法的两个类别，但是它们指向的终极目标是一致的，就是悟得般若智慧，解脱人生之苦，只不过方法不同而已。所以，惠能强调"定慧体一不二"就是强调不要因为分类而忽略了它们的一致性。其实前人修行方法本没有分类，每个人都去寻找自己的觉悟方法，这样千百年来就会总结出很多方法。分类原本是方便了解和掌握，但是分类时间久了，往往就容易产生"成见"。例如：定、慧是不同的方法，定高于慧，或慧高于定，等等。这就好比人类对知识的分类，原本是根据对世界认识的不同方式做的分类，本无高低贵贱之分，但今天人们对不同专业知识却早已形成根深蒂固的高低贵贱的"成见"。显然，这是不符合佛教空观的观物方式的，这种错误的观物方式佛教常称之为"分别心"。"分别心"产生的"成见"是影响我们看清事物真相、悟到自己的般若智慧的一个主要障碍，所以佛教特别强调不要有"分别心"。需要注意的是，不要有"分别心"不是指把事物的差别抹除掉，而是指不要对事物的差别在主观上形成某种定见，就如"先定发慧"或者"先慧发定"，这两种方法可能适合某些人，但不一定适合所有人，所以不能将它们视为定法来看待。类似这种"诤先后""断胜负"现象都是"分别心"的具体表现。如果"法有二相",肯定会出现"口说善,心不善"的现象,这一现象前面也讨论过。所以,惠能"体一不二""名即有二,体无两般"的说法,都是在强调不要有"分别心",强调破除对定、慧形成的"成见"。只有在破除类似这样的"成见",才能真正把握类似定、慧这样的修行方法,才能懂得在千万种方法中去寻找适合自己法且不预设好坏,因为预设就是一种"分别心"。

第三节 法无顿渐

(一六)

【原文】善知识!法无顿渐,人有利钝。迷即渐劝,悟人顿修。识自本心,是见本性,悟即原无差别,不悟即长劫轮回[①]。

【译文】善知识!佛法原本就没有顿悟与渐悟之分,人的悟性根机原本就有利钝、快慢之分。愚迷的人就要长期逐渐地去修行,悟性高的人不需要长时间的修行便能一下子契证佛法。认识到自己的本心,反观到自己的本性,都能证悟佛法,那么也

---

① 轮回:指众生因惑业(贪、嗔、痴"三毒")流转于三界、六道之生死,如车轮旋转,永无止境,故称"轮回"。

就没有什么顿渐的差别了，不能证悟佛法就会长久脱离不了生死轮回之苦。

【解说】所谓"顿渐"，就是"顿悟"和"渐悟"两种方法。关于这两种方法在南北朝时已有争论，到了惠能时代又成为区分惠能南宗和神秀北宗的标签。显然，这两者依然是常识，惠能还是在讲常识怎么理解。佛法到底有没有"顿渐"之分？从上一节对"分别心"的分析，我们应该能够很好地回答这个问题了。法可以分顿渐，但不应有"分别心"，也就是不应有预设的快慢好坏之分。正如我们前面提醒大家的，惠能说"法无顿渐"，并不是在否定法分"顿渐"，而是强调不应做固化理解，不应"诤先后""断胜负"。所以惠能接着说"迷即渐劝，悟人顿修"，就是提醒人们"法无定法"，适合自己的法就是正法，这就是空观。无论什么法，关键是要达到"识自本心，是见本性"的目标。那么什么是"识自本心，是见本性"？其实就是人们常说的"明心见性"，也就是指觉悟，只不过换了一种说法。这个说法的意思这里略做说明。大乘佛教强调"人人皆有佛性"，也就是人人皆有成佛的可能性，这一点大家是平等的。不过，每一个人成佛的方法或道路显然是不同的，条条道路通罗马，"法无定法"，每一个人都有适合于自己的方法。所以，人人都要去寻找适合自己的那个法，人人都应去悟能寻找到自己那个法的智慧，这个智慧就是"我的般若智慧"。"菩提般若之智，世人本自有之"，世人本自有的就是"我的般若智慧"。其实每个人都有，关键是要自己去悟，一旦悟到了"我的般若智慧"，也就明心见性了。所以，明心见性更强调的是悟"我的般若智慧"。

（一七）

【原文】善知识！我此法门，从上以来，顿渐皆立无念为宗①，无相为体②，无住为本③。何名无相？无相者，于相而离相。无念者，于念而不念。无住者，为人本性，念念不住，前念、今念、后念，念念相续，无有断绝。若一念断绝，法身④即离色身⑤。念念时中，于一切法⑥上无住。一念若住，念念即住，名系缚⑦。于一切法上，念念不住，即无缚也，是以无住为本。善知识！外离一切相，是无相。但能离相，性体清净，是以无相为体。于一切境⑧上不染，名为无念。于自念上离境，不于法上生念。莫百物不思，念尽除却，一念断即无，别处受生⑨。学道者

---

① 无念为宗：以无念为宗旨。
② 无相为体：以无相为体要。
③ 无住为本：以无住为根基。
④ 法身：又作"法身佛"，三身（法身、化身、报身）之一，指佛所言说、所证得之法及佛之自性真如。
⑤ 色身：指有形之肉身，与无形之法身相对。
⑥ 一切法：泛指一切有为法、无为法、不可说法，包含一切物质精神现象，是总括万有之称。
⑦ 系缚：指众生之身心被烦恼、妄想等束缚而不得自由自在，从而长时间流转于生死之中。
⑧ 境：指根与识之对象，即心与感官所感觉或思维之对象。
⑨ 受生：转生，投胎。

用心，莫不识法意。自错尚可，更劝他人迷，不见自迷，又谤经法。是以立无念为宗，即缘迷人于境上有念，念上便起邪见，一切尘劳妄念从此而生。然此教门立无念为宗，世人离境，不起于念，若无有念，无念亦不立。无者无何事？念者念何物？无者，离二相诸尘劳；念者，念真如本性。真如①是念之体，念是真如之用。自性起念，虽即见闻觉知②，不染万境，而常自在。《维摩经》云："外能善分别诸法相，内于第一义而不动。"③

【译文】善知识！我这一宗的法门，自前代以来至今，无论是顿悟还是渐悟，都以无念为宗旨，无相为体要，无住为根基。什么叫"无相"？就是处于表相中却不执着于表相。无念就是产生意念却不执着于意念。无住是心中念头一个接一个地不停产生，而不执着于其中某一个，过去、现在、未来的意念，念念相续，无有中断停止。如果一念与下一念产生了间断，法身就离开了色身。在念头相续的任何一个时刻，都做到如实地对待一切，不执着，不停滞。如果执着于某一个意念，便会执着于每一个意念，这就叫作"系缚"。如果面对一切事物和现象，心中意念连续不断地产生而没有执着，也就是没有系缚，这便是以无住为

---

① 真如：又作"如来藏""法身""佛性"等。真，诸法之体性真实而不虚妄；如，诸法如常不变其性，不生不灭，不增不减，不垢不净。真如即遍布于宇宙中的真实本体，是诸法相的本来面目。
② 见闻觉知：乃心识接触外境之总称，即眼识之用为见，耳识之用为闻，鼻、舌、身三识之用为觉，意识之用为知。
③ "外能善分别诸法相，内于第一义而不动。"：引自《维摩诘经》卷下《佛国品第一》，原文无"外""内"二字。

根基。善知识！不执着于一切外在表相，就是无相。只要能不执着于外在表相，性体如实清净，这便是以无相为体要。无论身处何种境况，心都能不被外境所污染和扭曲，这就叫"无念"。在自己的心念上，不黏滞于一切外境，不要对万事万物产生不合它们本身的执念。当然，也不是什么事物都不思考，去全然断灭自己的意念，因为一旦某一念头中断色身就会死亡，但法身仍然脱离不了无尽的生死轮回之苦。修习佛法的人需好好地思考，不能不明白佛法大意。自己错解尚且可以，却又引导他人陷入迷误；自己察觉不到自身的迷误，却去毁谤佛经佛法。之所以把无念作为宗旨，是因为内心有执迷的人对外境仍然有执念，有执念便会在此基础上产生贪、嗔、痴等邪见，一切的烦恼妄想也就此产生。然而此教法门以无念为宗旨，世人便认为只要远离一切境遇，就不会对境起心动念；但如果没有"有念"，即不生起念头时，也就没有与之相对的"无念"了。那么无念之无究竟无的是什么呢？念又究竟念的是什么呢？无就是远离因为二相对立的"分别心"所带来的诸种烦恼；念就是念与佛性相等同的自我的本性。真如佛性就是念的本体，而无念之念正是真如佛性的作用。自性起心动念之时，虽然仍能够通过各种感官去听、说、觉知、意识，但不会被任何境况所污染和扭曲，恒常自在。这就是《维摩诘经》所说的："（自性）既能辨识认清外界的诸种现象，又能保持坚守真如佛性不动摇。"

【解说】惠能在这一节提出"无念""无相""无住"三个概念，并指出这是他这一派的根本法门，所以理解这三个概念对我们理解惠能思想非常重要。首先我们来看什么是"无念"和"无相",惠能的解释是"于念而不念""于相而离相"。"于念"是说在某一刹那面对某一事物我们肯定会生起"念","不念"并不是要否定这生起的"念",而是强调不应对此"念"做固化理解,其实讲的还是空观。"于相而离相"的意思差不多,实质也是强调对事物之"相"不要做固化理解。概括来讲,"念"与"相"本就是一种互动关系,"念"在某一刹那与某一事物之"相"会形成一种确定性关系,但在下一刹那或往后无数个刹那两者的关系则是不确定的,因此我们对任何认识都不应做固化理解,其实这里传达的还是空观智慧。其次我们来看第三个概念——"无住",这倒不是一个新概念,《金刚经》中有"应无所住而生其心",这句话概括来讲就是"无住"。其实"无住"讲的就是不要将某一"念"定住在某一"相"上,也就是不要将"念"与"相"的对应关系给固化下来,这里说的还是空观智慧。正如前面曾强调过的,惠能用"无"常常不是否定的意思,而是强调"应无所住而生其心"的空观智慧。例如这一节里惠能解释"无"时说"无者,离二相诸尘劳","离二相"就是不要有分别心,不要对诸法相做固化理解。最后,惠能引用《维摩诘经》中的一句经文以为总结。"外能善分别诸法相"和"内于第一义而不动"两者是有联系的:"第一义"其实指的就是般若智慧或者空观智慧,"不动"是在强调懂得或守住这个方法;然后才能够观诸法相之实相,犹如拥有了一双火眼金睛,无论事物怎么变化,都能看清它的真相。

第四节 外禅内定

（一八）

【原文】善知识！此法门中，坐禅原不着心，亦不着净，亦不言不动。若言看心，心元是妄，妄如幻故，无所看也。若言看净，人性本净，为妄念故，盖覆真如。离妄念，本性净。不见自性本净，起心看净，却生净妄①，妄无处所。故知看者，看却是妄也。净无形相，却立净相，言是功夫，作此见者，障自本性，却被净缚②。若修不动者，不见一切人过患，即是自性不动。迷人自身不动，开口即说人是非，与道违背。看心看净，却是障道因缘。

【译文】善知识！我这一宗的法门中，坐禅原本不执着于心，也不执着于净，也不说完全不动。如果说执着于心，心念原本就是虚幻的，修禅过程中倘若有一个可供思虑、观想的心，那么此心必然是虚妄不实之相。如果说执着于追求净的话，自性原本就是清净的，只是因为无明妄念，遮蔽住了人原本具有的觉性。只要没有妄想，本性自然清净。认识不到自性原本清净的人，起心动念执着于追求净，那么就会产生对净的妄念，妄念没有固定的生成处所，执着追求的主观愿望就是虚妄。清净的境界没

---

① 净妄：对"净"的妄念，对"净"的错误理解。
② 净缚：指被所要观想的"净相"所束缚。

有一个固定不变的相状，但现在却要给它树立一个相状作为观想的对象，还说这才是修行的功夫，持有这种见解的人，自身的真如本性被遮蔽了，反而被所追求的清净境界之相所束缚。如果修习不动法的人，不以分别心看待一切人的是非功过，就是做到了自性不动。愚迷的人做到了身体不动，却张嘴便议人是非短长，这是与修行正道相违背的。因此坐禅时执着于去观想心、观想净，是障碍修行者证悟佛道的重要原因。

（一九）

【原文】今既如是，此法门中，何名坐禅？此法门中，一切无碍，外于一切境界上念不起为坐，见本性不乱为禅。何名为禅定？外离相曰禅，内不乱曰定。外若离相，内性不乱。本性自净曰定，只缘境触①，触即乱，离相不乱即定。外离相即禅，内不乱即定，外禅内定，故名禅定。《维摩经》云："实时豁然，还得本心。"《菩萨戒经》云："本源自性清净。"善知识！见自性自净，自修自作自性法身，自行佛行，自作自成佛道。

【译文】现在既然是这样，那么我这一法门中，什么叫"坐禅"呢？在这一法门中，无所执着无所挂碍，自心不被一切外在的事物或现象所左右，就叫作"坐"；在内能明白了知自性如如不动，就是"禅"。什么叫"禅定"？自心不受一切外在的事物或现象干扰叫"禅"，保持内心宁静而不散乱叫"定"。如果不执着

---

① 境触：身心对外境的感触。

于外在诸法相，那么内在自性便能不乱。自心本性本来是清净安定的，只因为接触并对外境产生种种执取、妄念，才会乱而不静；接触了诸种外境，还能不为其乱，这就做到了真正的定。外在无住无染的活用是禅，心内清楚明了的安住是定，外修禅、内修定，所以名为禅定。《维摩诘经》中说："顿时豁然大悟，回归到自己的本心。"《菩萨戒经》中说："我人的自心本性原本清净。"善知识！应当在念念之中自己悟得自性原本清净，自己修炼自己去作自己的本性法身，自己去践行合乎佛法的行为，自己去成就佛果。

【解说】这两节讲的是"坐禅"问题，所以合起来一起讲解。惠能这里讲"坐禅"和前面讲"一行三昧"有点相似，依然是在讲对常识的理解问题。"坐禅"本是让人"心净"的方法，惠能开篇就强调了四个"不"："不着心""不着净""不言不动"。现在我们也看到所谓"执着"，应该知道问题出在哪里了。从空观的角度来看，所谓"心净"应是没有一个固定标准的。若我们以某种状态"心净"，就会形成固化的"净相"，反而陷入一种执着之中，那么如何能达到超越执着的境界呢？所以，惠能说要"不着心""不着净"，就是"应无所住"的意思。如果我们立了一个固化的"净相"，往往会将这个"净相"作为一个标准来执行，比如说"坐禅"，就像前面讲的"一行三昧"一样。所以惠能特别强调"坐禅"不是坐着不动，当然也不是说一定要动。其实重点不是动不动的问题，而是要达到"外离相""内不乱"的境界，也就是"外能善分别诸法相，内于第一义而不动"的境界；只要能达到这样一种境界，那就是好的"坐禅"方式，就是正法。正如惠能说"一行三昧"一样，"行住坐卧"都可以行"禅定"。世人常常容易出现"生净妄""被净缚""修不动""见过患"等问题，这些都是将"相"固化为"成见"而产生执着的问题，也是将"念"与"相"有所"住"的问题，惠能在这两节借"坐禅"又再次做了提醒。最后，惠能连说了八个"自"："见自性自净，自修自作自性法身，自行佛行，自作自成佛道。"这是再次特别强调，"我的般若智慧"只能靠"我"去悟，外在的大善知识可以"示道"，但"见性"要靠自己，所以要"自修自作自性法身""自作自成佛道"。或许有人会问，难道就不向外学了吗？显然我们不能从字面上来如此理解。依空观智慧和中道智慧，向他人学或不向他人学不是重点，外学只是"示道"，"示道"之法无定法，但根本的"见性"只能靠自己。

从本章惠能讲法的内容与方式，我们能看到他这次讲法的一大特点：他不是在讲入门常识，而是不断地帮助人们去破除对已有常识在理解上形成的"成见"；简言之，他是在讲"破成见"，即通过"破成见"引导大家理解真正的佛法是什么。通过破"定慧""一行三昧""坐禅"等方法的"成见"，惠能不断引导大家去把握佛法的关键所在。在本章惠能讲法中，有一句话非常重要，即"外能善分别诸法相，内于第一义而不动"，可以说这是惠能讲法的核心思想，是对惠能所讲般若智慧的最好概括。当然，惠能讲法还不断强调，无论学习什么样的方法，最终还是要靠"我的般若智慧"来"自悟"，这是关键。

第六章
归依无相

本章继续导读惠能讲法部分的第二十至二十七节,这部分惠能主要讲授了归依、发愿、忏悔、受戒、摩诃般若波罗蜜等概念中的佛教智慧。

第一节 自心归依

(二〇)

【原文】善知识!总须自体与受无相戒。一时,逐惠能口道,令善知识见自三身佛:于自色身,归依①清净法身佛②;于自色身,

---

① 归依:又作"皈依",佛教讲的"归依"具有礼敬、归投、依伏、依托的意思。
② 法身佛:称为"毗卢遮那",义为"遍照"或"遍一切处",是成佛时所契证的一种精神实体,即"真如""佛性"。

归依千百亿化身佛①；于自色身，归依当身圆满报身佛②（以上三唱）。色身是舍宅，不可言归，向者三身佛在自法性③，世人尽有，为迷不见，外觅三身如来，不见自色身中三身佛。善知识！听与善知识说，令善知识于自色身见自法性有三身佛，此三身佛从自性上生。何名清净法身佛？善知识！世人性本自净，万法在自性。思量一切恶事，即行于恶行；思量一切善事，便修于善行。知如是一切法尽在自性，自性常清净，日月常明。只为云覆盖，上明下暗，不能了见日月星辰，忽遇慧风吹散卷尽云雾，万象森罗，一时皆现。世人性净，犹如清天。慧如日，智如月，智慧常明。于外着境，妄念浮云盖覆，自性不能明故。遇善知识，开真正法，吹却迷妄，内外明澈，于自性中，万法皆现。一切法在自性，名为清净法身。自归依者，除不善心与不善行，是名归依。何名为千百亿化身佛？不思量，性即空寂；思量，即是自化。思量恶法，化为地狱；思量善法，化为天堂。思量毒害，化为畜生；思量慈悲，化为菩萨。思量智慧，化为上界；思量愚痴，化为下方。自性变化甚多，迷人自不知见。一念善，智慧即生，此名自性化身佛。何名为圆满报身佛？一灯能除千年暗，一智能灭万年愚。莫思向前，常思于后，常后念善，名为报身。一念恶，报却千年善心；一念善，报却千年恶灭。无常以来，后念善，名为报

---

① 化身佛：又作"应身""变化身"，指佛为了普度众生而变化出来的各种形象。
② 报身佛：称为"卢舍那"，即成佛时所获得的清净庄严、功德圆满果报之身。
③ 法性：为"真如"之异称，指诸法之真实体性，即宇宙间一切现象所具有之真实不变之本性。

身。从法身思量，即是化身；念念善，即是报身。自悟自修，即名归依也。皮肉是色身，色身是舍宅，不在归依也。但悟三身，即识大意。

【译文】善知识！总的来说必须亲自体会并受持以定慧为本，却不规定具体形式的无相戒。跟着惠能一起来唱诵吧，让善知识能够识见自性中原本具有的三身佛：在自己的色身中，自性归依向平等清净的法身佛；在自己的色身中，自性归依向随类应化的化身佛；在自己的色身中，自性归依向自身具足的报身佛（以上的文字唱诵三遍）。有形肉身只是法身的屋舍宅院，不能够说得上是归依，三身佛先早就在自己的法性中，世间人人都有真如法性，因为愚迷不能自见，才会到身外去寻觅三身佛，却不明白自性中本就具有三身佛。善知识！听完我对你们说的这些，就能够使你们在自己的色身中证悟到自己的法性中本就有三身佛，这三身佛就从你们的自性中产生。什么叫"清净法身佛"？善知识！世人的心性本来就是清净没有染污的，至于万有一切诸法都从自性随缘而生。如人心中思量一切恶事，就随染缘生起种种恶行；假使心中思量一切善事，就随净缘生起种种善行。如是一切诸法都在自性中，自性永恒清净，就好像日月永恒光明那样。只因被云层般的愚迷妄念覆盖，上方清明澄澈下方昏暗无光，我们因此见不到如日月星辰般明净的自性，要是忽然遇到智慧之风吹散卷走云雾的遮蔽，天地间纷繁罗列的各种景象便顷刻清晰地呈现在眼前。世间人的本性如同澄澈的天空般清净，本有像日月般恒常明亮的智慧。一旦眼、耳、鼻、舌、身、意等六根作用于色、声、香、味、触、法六境，在境上生出种种感觉思维，虚妄的念想便会像浮云般覆盖了自性，这就是自性无明的原因。如遇到能够开示真谛正法的善友，那真谛正法便如同吹走愚迷妄念的风一般使人由内而外地清明澄澈，如此自性中本有的万法便能示现无遗。世间一切都蕴含于自身本有的真如佛性中，这就叫作"清净法身"。自心归依佛的人，应自觉断除不善之心与不善之行，这才叫"归依"。什么叫"千百亿化身佛"？自性不思量即空寂，思量、变化都是自性的作用功能，自性是通过思量而变化为万法的。如思量恶法自心就化为地狱，思量善法就化为天堂；思量毒害化为畜生，思量慈悲化为菩萨；思量智慧化为上界，思量愚痴化为下方。故此自性的变化实在太多，而愚迷之人不能自知自见。若能回转一念向善，智慧立即生起，成就无上佛道，这就叫作"自性化身佛"。什么叫作"圆满报身佛"？众生本具智慧心光，一盏明灯能够除尽持续千年的黑暗，一念智慧能够消灭长达万年的愚迷。不要再去思量过去之事，而要牢牢把握未来，时常想着在下一时刻抱有善念，这就叫作"报身"。一个恶念的果报能消除千年的善心，一个善念的果报能泯除千年的罪恶。自从明白万事万物变化不居之后，在下一刻抱有善念，就叫作"报身"。以清净本性法身佛为基点出发思量万法，随类应化，就能成就自性化身佛；每一个念头都是善念，念念相续，即能成就圆满具足的报身佛。靠自己的本性证悟佛法、践行佛法，这就叫作"归依"。皮毛肉体是有形色身，色身只是法身的屋舍宅院，因此不在归依的范围内。只要悟出以上所说的三身的真谛，就识得了佛法大意。

【解说】这一节惠能讲归依三身佛的问题。归依的本义是归敬依投，是佛教中非常重要的一种修行方法；三身佛则是对佛法的一种非常形象的比喻。正因如此，这种"形象"极易为修行者理解为一种固化的具体形象来礼敬依靠，就如弘忍的弟子们认为上座神秀接受五祖衣钵后依止于他就可以了一样。所以惠能开篇即强调"色身是舍宅，不可言归，向者三身佛在自法性，世人尽有"，就是说将三身佛理解为具体形象（色身）来归依是不对的。三身佛在自性中，人人皆有，这就好比说"菩提般若之智，世人本自有之"，所以接下来惠能不断强调"世人性本自净，万法在自性""一切法尽在自性，自性常清净""一切法在自性，名为清净法身"。所以，归依是"自归依"，不是"外觅三身如来"，而惠能对归依的定义是"自悟自修，即名归依也"。显然，归依这一修行方法指向的还是要体悟自性本有的菩提般若之智，而不是找到一个可依靠的对象。在理解上对归依形成的"成见"在现实中是非常常见的，所以惠能这里还是在帮助人们破除"成见"。

（二一）

【原文】今既自归依三身佛已，与善知识发四弘大愿。善知识！一时逐惠能道：众生无边誓愿度，烦恼无边誓愿断，法门无边誓愿学，无上佛道誓愿成（三唱）。善知识！众生无边誓愿度，不是惠能度，善知识心中众生，各于自身自性自度。何名自性自度？自色身中，邪见烦恼，愚痴迷妄，自有本觉性。只本觉性，将正见度。既悟正见般若之智，除却愚痴迷妄。众生各各自度，邪来正度，迷来悟度，愚来智度，恶来善度，烦恼来菩提度，如是度者，是名真度。烦恼无边誓愿断，自心除虚妄。法门无边誓愿学，学无上正法。无上佛道誓愿成，常下心行，恭敬一切，远离迷执，觉智生般若，除却迷妄，即自悟佛道成，行誓愿力①。

【译文】现在既然自身心已经归依了三身佛，那么我便与善知识一同发四弘大愿。善知识！现在跟我一起唱诵：虽然众生的数量多到无法计数，但是我发誓全部都要度脱他们离苦得乐，出离生死苦海；虽然有无量无边的烦恼，但是我发誓统统都要断除干净，恢复清净自性；虽然度脱众生的方法多到无量无边，但是我发誓任何一种方法都愿意学习；虽然最高的佛果很难获得，成佛的道路很长远，但是我发誓一定要成佛（唱诵三遍）。善知识！立誓希望度化无边众生，不是我度，是善知识在自身自性中各自度化心中的众生。什么叫"自性自度"？自己色身中的邪见烦恼，愚痴无明，迷误妄想，自有本来可以觉悟的本性。只需要凭借这一本来可以觉悟的本性，用正见来度化自己。既然证悟了般若之智这一正见，那么愚痴迷妄等邪见也便随即消除了。无边众生各自自行度化，以正见度化邪见，以彻悟

---

① 誓愿力：指佛于过去世修行时所发大誓愿之力。

度化迷妄，以智慧度化愚痴，以善念度化恶念，以菩提之智度化无边烦恼，这样的度化才叫真正的度化。立誓希望断绝无边烦恼，就自己去除自己内心的虚妄念想。立誓希望学得无边佛法，就自己去学习无上正等正觉之法。立誓希望成就佛道的最高境界，就需自己时常于内心躬行此旨，以恭敬的态度对待一切事物，远离愚迷执着，有此觉悟便能产生般若之智，除却愚迷妄念，也就是说自己成就自己悟成佛道，身体力行自己所发下的誓愿。

【解说】发愿同样也是佛教中非常重要的一种修行方法，关键是如何理解发愿这一方法呢？我们现在已了解，这正是惠能讲法的特点所在。惠能对四弘大愿中的第一愿"众生无边誓愿度"进行了重点讲解。惠能说"度众生"其实不是惠能来度"众生"，而是各人自度"心中众生"，这是什么意思？其实这里的"心中众生"是一个比喻，比喻人心中的邪见烦恼，愚痴迷妄，也就是心中的执着。所以，发愿这一方法，其根本目的还是要消除心中的执着，然后照见"五蕴皆空"，度"一切苦厄"。"度众生"这一愿是如此，后面的三个愿也是如此。发愿是一种修行方法，其目的不是要求完成发愿的那些事，而是通过完成那些事去悟"我的般若智慧"，并最终指向超越自己心中的执着，达到涅槃境界，这才是根本的目的。所以面对无数佛教修行方法，不应将方法和目的弄颠倒了，做着做着就忘掉了目的，而将方法当成了目的。惠能又在提醒人们抓住佛法的关键，而不要被成见带偏了。

第二节 无相忏悔

(二二)

【原文】今既发四弘誓愿讫,与善知识授无相忏悔,灭三世罪障。大师言:"善知识!前念、后念及今念,念念不被愚迷染,从前恶行一时除,自性若除即是忏;前念、后念及今念,念念不被愚痴染,除却从前矫诳心,永断名为自性忏。前念、后念及今念,念念不被疽疾染,除却从前嫉妒心,自性若除即是忏。"(以上三唱)善知识!何名忏悔?忏者终身不作,悔者知于前非。恶业恒不离心,诸佛前口说无益,我此法门中,永断不作,名为忏悔。

【译文】现在既然已经发完四弘誓愿,接下来惠能便教授善知识如何进行无相忏悔,以消灭三世的罪孽业障。惠能大师说:"善知识!从前的念头、今后的念头以及现在的念头,每个念头都不要染着愚痴迷妄,如果以自性一时消除了从前的恶劣行径就做到了忏;从前的念头、今后的念头以及现在的念头,每个念头都不要染着愚迷痴狂,消除从前的歪曲迷妄之心并永远将其断绝就叫'自性忏'。从前的念头、今后的念头以及现在的念头,每个念头都不要染着烂疮毒瘤,如果以自性消除了从前的嫉妒之心就做到了忏。"(以上内容唱诵三遍)善知识!什么叫"忏悔"呢?"忏"就是终其一生不复作,"悔"就是自知从前的过错。作恶的念头总也不能从心中排除,如此在众佛前光靠嘴说忏悔也没有益处,在我这一宗派的法门中,觉悟先前的罪过并永远断绝不复作，就叫"忏悔"。

【解说】忏悔也是佛教修行中非常重要的一种方法。在"三唱"中惠能要消除的"恶行""矫诳心""嫉妒心"等，其实都是人心中的执着。显然，忏悔的根本目的还是要消除心中的执着，这才是真正的忏悔。所以，惠能接着指出"忏悔"这一方法的本质就是："悔"即知道之前的错，"忏"即以后不再犯错。"忏悔"这种方法在中国佛教发展历程中还逐渐形成一定仪式，称为"拜忏"，也就是诵经拜佛为己或代人忏悔。当人们将忏悔这种方法理解为一种仪式以后，很容易开始重视仪式本身，而忘掉了这一方法的根本目的。仿佛只要跪在佛前念诵佛经就可完成忏悔，而自己是不是做到了惠能所说的"知于前非"而"终身不作"，反倒不重要了，这是非常常见的一种将手段当目的的"成见"。所以惠能在此特别提醒人们善抓关键，把握什么是真忏悔，简言之就四个字"永断不作"。如果只是注重忏悔的形式而忽略了其根本目的，"恶业恒不离心"，即使在佛前诵经千遍万遍也无益。

（二三）

【原文】今既忏悔已，与善知识授无相三归依戒。大师言："善知识！归依觉，两足尊①；归依正，离欲尊②；归依净，众中尊。从今以后，称佛为师，更不归依邪迷外道，愿自三宝慈悲证明。善知

---

① 两足尊：为佛之尊号，佛乃天、人之中所有两足生类中最尊贵者。
② 离欲尊：摆脱贪欲、淫欲控制而成尊者。

识！惠能劝善知识归依三宝。佛者，觉也；法者，正也；僧者，净也。自心归依觉，邪迷不生，少欲知足，离财离色，名两足尊。自心归依正，念念无邪故，即无爱着，以无爱着，名离欲尊。自心归依净，一切尘劳妄念，虽在自性，自性不染着，名众中尊。凡夫不解，从日至日，受三归依戒。若言归佛，佛在何处？若不见佛，即无所归；既无所归，言却是妄。善知识！各自观察，莫错用意，经中只言自归依佛，不言归依他佛。自性不归，无所依处。"

【译文】 现在徒众已经忏悔完毕，惠能再向善知识传授无相三归依戒。惠能大师说："善知识！归依信奉觉悟，就能达到福慧俱足的圆满境界；归依信奉正道，就能摆脱贪欲妄想的控制；归依信奉清净，就能成为被众人所尊重的人。从今以后，应当称呼觉者为老师，并且不再归依其他任何邪迷外道，发愿依靠自性本有的三宝与慈悲心性证悟明了佛法大意。善知识！我劝你们归依自性三宝。佛，就是觉悟；法，就是正道；僧，就是清净。归依自心中本有的觉性，就不会产生邪见迷误，且能清心寡欲、知足常乐，远离财物色相的诱惑，这就叫福报和智慧充实的两足尊。自心归依正道，就能念念无邪见，因此也就没有各种贪爱与执着，没有贪爱与执着，就叫摆脱贪欲妄想控制的离欲尊。归依自心中本有的清净，尘世间一切烦恼妄想，虽然有时不免在自性中出现，自性却丝毫不沾染执着，这就叫众中尊。一些凡夫俗子不理解这一佛理，日复一日地向外寻求受持三归依戒。如果说归依佛，那么佛在何处？如果见不到佛，便无处归依；既然无处归依，那么所发归依佛门之愿便成了虚妄之言。善知识！

各自观照体察自己的内心，不要用错心意，佛经中只说归依自心中本有的佛，没有说归依此外的其他佛。如果不归依自性，那么便无处归依。"

【解说】 受戒是佛教修行中非常重要的一种方法。受戒后还是强调归依三宝，不过惠能这里指出应"称佛为师"。古人云"三人行必有我师"，佛也是世人的师，惠能从这个角度对佛定位是很有意味的。"菩提般若之智，世人本自有之"，每个人都有自己的般若智慧，而"我的般若智慧"是无法让他人觉悟的。所以，即使世人看到佛祖在菩提树下悟到自己的"般若智慧"，将它拿过来是不是就是"我的般若智慧"呢？那可不一定。世人可以向佛学习，以佛为师，他能给世人"示道"，但是"见性"还是得靠自己。受戒作为一种修行方法，一般都理解为很严格的规则、不可违背的原则等。但是，这里惠能在"戒"前面加了"无相"两个字，到底是在强调什么呢？"无相"这个概念前面才出现过，惠能的解释是"于相而离相"。显然，"无相"不是不要"相"，是强调不要执着于戒律之"相"，而应关注戒律指向的根本目的是什么。"戒"不是用来死守的，而是一种修行方法，这一修行方法指向依然是超越执着的境界，是涅槃境界。因此，若"戒"有利于超越执着，那守戒就是正法；若"戒"妨碍了超越执着，那守戒就不是正法：这就叫"法无定法"。所以"无相戒"之"无相"，就是强调不要将戒之相做固化理解，实质还是一个空观问题。所谓"归依三宝"，表相是归依佛、法、僧，实质其实是归依自性，"自性不归，无所依处"。

以上是惠能对归依、发愿、忏悔、受戒四种修行方法所做的非常相似的一种阐释。就佛教修行方法而言，常常会形成一种仪式或者模式。这些仪式或者模式本应指向的是自性觉悟这一根本目的，但是现实中常常会发生这样一种现象，就是慢慢人们会忽略其根本目的而将仪式或模式本身当成了目的。目的和手段做了一个交换，这是"成见"呈现的又一种方式。惠能借这部分内容是要提醒人们，归依、发愿、忏悔、受戒之类的修行方法，指向的都是人们内心的"菩提般若之智"，应该"第一义不动"。

第三节 摩诃虚空

（二四）

【原文】今既自归依三宝，总各各至心，与善知识说摩诃般若波罗蜜法。善知识虽念不解，惠能与说，各各听。摩诃般若波罗蜜者，西国梵语，唐言大智慧到彼岸。此法须行，不在口念。口念不行，如幻如化。修行者，法身与佛等也。何名摩诃？摩诃者是大。心量广大，犹如虚空。若空心坐禅，即落无记空[①]。虚空

---

① 无记空：无记，三性之一。一切法可分为善、不善、无记等三性，无记即非善非不善者，因其不能记为善或恶，故称"无记"。无记空，指于善不善皆不可记的空，是一种昏然蒙昧的心理状态。

能含日月星辰，大地山河，一切草木，恶人善人，恶法善法，天堂地狱，尽在空中，世人性空，亦复如是。

【译文】现在既然自性已经归依三宝，那么大家都已怀有了至诚之心，惠能再对善知识说一说到彼岸的大智慧之法。你们之中如果有虽口中称念"摩诃般若波罗蜜"但心中不解其意的，惠能就说与你们，你们各人听着。摩诃般若波罗蜜，是西方国家的梵语，用大唐的说法是到彼岸的大智慧。这一佛法须身体力行，不能单靠口中念诵。如果只念诵"摩诃般若波罗蜜"却不付诸实践，那么它就会像虚妄无实的幻化之物一般。修行佛法的人，其清净自性就是佛性。什么叫"摩诃"？"摩诃"是"大"的意思。内心境界宽广宏大，如同虚空一般。如果只是使自己心定一处地静坐，那就会堕入昏然蒙昧的无记空。我所说的这种虚空并非无记空，而是能包容和承载日月星辰，大地山河，草木生灵，恶人善人，恶法善法，天堂地狱，所有的一切都可以容纳在这种"空"中，世人本有的性空，也是上面描述的这样。

（二五）

【原文】性含万法[①]是大，万法尽是自性。见一切人及非人，恶之与善，恶法善法，尽皆不舍，不可染着，犹如虚空，名之为大，此是摩诃行。迷人口念，智者心行。又有迷人，空心不思，名之为大，此亦不是。心量广大，不行是小。莫口空说，不修此

---

① 万法：指一切事物及其现象。

行，非我弟子。

【译文】真如自性中原本就包含一切，这就是"大"的体现，一切也都包含在真如自性之中。见到一切人与非人，恶与善，对一切的善恶，都不要排斥与放弃，也不要沾染和执着，自己的态度就像是虚空一般，这就叫"大"，这就是在修行摩诃般若波罗蜜这一大智慧。愚迷之人只是称念名号，而智慧之人则用心践行。也有一些迷误之人，只是执着于追求内心的空寂而不思不虑，把这叫作"大"，这也不是正确的。心量本身是广大的，但若不运用，那就仍然处于"小"的状态。只是嘴上空谈而不去实际修行，就不是我的弟子。

【解说】这两节主要解释"摩诃般若波罗蜜"一句中的"摩诃"一词，所以合并解说。"摩诃般若波罗蜜"直译就是"到彼岸的大智慧"，也就是"觉悟的大智慧"，其实就是前面一再强调的"般若智慧"；意思很清楚，但惠能却用了三节来解释这句话，这就是惠能讲法的特点。惠能首先做了一个非常重要的提醒："此法须行，不在口念。"此话言不多，但意义重大。佛法修的是"行"，而不是"知"，但千百年来的现实却是世人更重"知"而轻"行"，甚至忘"行"。前面不断提到的"言下悟易，事上行难"，也是重"知"轻"行"的一种表现，惠能在此做了特别提醒。接下来惠能具体讲了如何理解"摩诃"。"摩诃"直译就是"大"，惠能的解释是"心量广大，犹如虚空"，并对"虚空"做了进一步阐释："虚空能含日月星辰，大地山河，一切草木，恶人善人，恶法善法，天堂地狱，尽在空中。"惠能进一步指出，世人"性空"就是这样一种状态，惠能也称之为"性含万法""万法是自性"。最重要的阐释是这一句："见一切人及非人，恶之与善，恶法善法，尽皆不舍，不可染着，犹如虚空，名之为大，此是摩诃行。"这样就比较清楚了，惠能所说的"性空"或"虚空"状态其实还是在强调空观，或者说不要有分别心，或者说"应无所住而生其心"的境界。所谓恶人善人、恶法善法、天堂地狱等都是我们的分别心造成的"成见"，这个世界原本哪有什么恶人善人、恶法善法？或者说哪有什么人一直是恶人，什么法一直是恶法，什么地方一直是地狱？如果我们以空观观之，自然就不会有这些"成见"，如此才能看清世界的本然，看清世界的真相。最后惠能再次强调了佛法须行，"迷人口念，智者心行"。其实从《坛经》第一部分"惠能悟法"的叙事中，就已经看到"言下悟易，事上行难"的问题。例如神秀作为教授师，所学佛教知识不可谓不丰富，但他对般若智慧却未能参悟。在这里惠能又再次提醒人们思考这一问题，那么"事上行难"到底难在哪里呢？至少从前面已读到的内容可以发现，世人对知识的固化理解是造成很难将知识转化为般若智慧的重要原因。所以，"破成见"很重要。

（二六）

【原文】何名般若？般若是智慧。一切时中，念念不愚，常行智慧，即名般若行。一念愚即般若绝，一念智即般若生。世人心中常愚，自言我修般若。般若无形相，智慧性即是。何名波罗蜜？此是西国梵音，唐言彼岸到，解义离生灭。着境生灭起，如水有波浪，即是于此岸；离境无生灭，如水永长流，故即名到彼岸，故名波罗蜜。迷人口念，智者心行。当念时有妄，有妄即非真有；念念若行，是名真有。悟此法者，悟般若法，修般若行。不修即凡，一念修行，法身等佛。善知识！即烦恼是菩提。前念迷即凡，后念悟即佛。善知识！摩诃般若波罗蜜，最尊、最上、第一，无住、无去、无来，三世诸佛从中出。将大智慧到彼岸，打破五阴烦恼尘劳。最尊、最上、第一，赞最上乘法，修行定成佛。无去、无住、无来往，是定慧等，不染一切法。三世诸佛从中变三毒①为戒定慧。

【译文】什么叫"般若"？般若就是智慧。每时每刻产生的每个念头都不愚迷，常行智慧之事，这就叫"般若行"。一个愚迷的念头就能断绝般若，一个明智的念头就能产生般若。尘世之人内心时常愚迷，却自己说自己修行般若。般若没有一个外在的具体的形象，自性的智慧就是般若。什么是"波罗蜜"？它是西方佛国的梵语，用大唐的话说就是"到彼岸"，进一步解释它的意义就是离生灭法。心若贪着外境，就会有生灭烦恼之心现起，如同平静的水面出现了波浪，仍停留于此岸的境界不能自拔；心如果不攀援外境，就像河中流水长流不息，生灭烦恼的波浪无由现起，因此这就叫"到彼岸"，因此这就叫"波罗蜜"。愚迷的人只在口中称念，明智的人注重用心修行。当口中称念佛法时，心中还在不断产生妄念，有妄念不断升起的心就不是自

---

① 三毒：指贪欲、嗔恚、愚痴三种烦恼。

己的真如自性；心中念念依照般若智慧修行，这才是真实不虚的真如自性。领悟了这一道理，便领悟了般若法，也明白了要切实去修般若行。不去修行般若智慧，就只是凡夫俗子，只要一念开始修般若行，自性就与佛性平等无差别。善知识！烦恼就是菩提。前一念迷惑，那就是凡夫；后一念觉悟，那就是佛陀。善知识！摩诃般若波罗蜜，是最尊贵的无上第一妙法，它没有执着，没有烦恼，也没有来去，过去、现在、未来的诸位佛菩萨都是从摩诃般若波罗蜜中修行出来的。用到彼岸的大智慧，破除由色、受、想、行、识这"五阴"产生的烦恼尘劳。这是最尊贵的无上第一妙法，礼赞这一至尊无上第一的法，潜心修行定能成就佛果。没有执着，没有烦恼，也没有来去，这就是定慧等同，不染着一切的自性般若智慧。过去、现在、未来的诸位佛菩萨都从自性的般若智慧中将贪、嗔、痴"三毒"转化为戒、定、慧。

【解说】这一节继续阐释"般若"和"波罗蜜"两词。般若就是智慧，知道这一知识很容易，但如何"行"才是关键。惠能对此有直接阐释："一切时中，念念不愚，常行智慧，即名般若行。"其实"行"之所以难，不是难在某一刹那的明心见性，而是难在"一切时中，念念不愚"。什么是"愚"？可以说将某种相做固化理解就是一种愚，也是一种迷，也是一种执。任何时候，任一个刹那，当我们面对世间万事万物时，都能以空观之，都能运用空观智慧进行实践，那才是真正的般若行，"念念若行，是名真有"。波罗蜜是到彼岸的意思，彼岸是一种比喻，就是指觉悟。惠能解释到彼岸的意思是离生灭，生灭是分别心，离生灭就是超越执着的境界,也就是觉悟的境界。显然,到彼岸也不是到达了一个确定的点,从此以后就是觉悟者了。"一念愚即般若绝,一念智即般若生",所以迷与悟是可以不断转换的,除非能做到"一切时中,念念不愚",所以到彼岸是一个永远处于"行"的状态。最后,惠能再次提醒"迷人口念,智者心行",进一步强调修"行"的根本意义。惠能提到"烦恼是菩提"这句话怎么理解?以空观之就很好理解了。没有一个东西永远叫"烦恼",也没有一个东西永远叫"菩提"。一念悟烦恼即菩提,一念迷菩提即烦恼。所以神秀的"身是菩提树",说明他心中是有一个东西叫"菩提"的,这就是着相,这就是对"相"做固化的理解。所以"前念迷即凡,后念悟即佛",这就是空观。

(二七)

【原文】善知识!我此法门从一般若生八万四千[1]智慧。何以故?为世人有八万四千尘劳,若无尘劳,般若常在,不离自性。悟此法者,即是无念、无忆、无着。莫起诳妄,即自是真如性。用智慧观照[2],于一切法不取不舍,即见性成佛道。

【译文】善知识!我所说的法从大智慧中衍生出八万四千种智慧。原因是什么呢?是因为俗世之人有八万四千种烦恼妄念,如果没有这些烦恼妄念覆盖遮蔽,那么般若之智便能恒常在心

---

[1] 八万四千:形容数量、种类极多。
[2] 观照:即以智慧观事、理诸法,而照见明了之意。

中现起，始终不离自心自性。领悟这一佛法的人，就能对未来没有妄念，对过去没有忆想，对当下没有执着。不生起妄想执着之心，便是真如自性的体现。用般若之智观照一切，以不执着不舍弃的态度对待一切，这就是见自本性，这就是悟道成佛。

【解说】这一节惠能讲的还是般若行的问题。所谓"一般若生八万四千智慧"以应对"八万四千尘劳"，就是强调般若智慧是要在实践中解决问题的，而不是某种固化的知识。"若无尘劳，般若常在，不离自性"的意思就是"第一义不动"。所以，"尘劳"在或不在，这两个层面的论述概括起来还是"外能善分别诸法相，内于第一义而不动"，其实这就是"般若行"。所谓"无念、无忆、无着"和之前讲的"无念、无相、无住"意思差不多。显然，真正的般若行就是将"缘起性空"的理论实践于人们将面对的每一个"下一刹那"。言上说并不复杂，但事上行那就太难了，这也是佛教重修"行"的根本原因。何为"诳妄"？这和《金刚经》中说的"虚妄"意思也差不多。莫起诳妄或虚妄之心，就是不要将"般若"视为一种固化的知识，好像有一个东西一直叫"般若"，这是"成见"。最后，惠能再次强调佛法的本义就是用般若智慧观照万法，并于万法不取不舍。这里强调的还是空观智慧和中道智慧。

惠能讲"摩诃般若波罗蜜"的内容有两点尤其应该注意。第一是惠能特别强调了般若重行。般若智慧要解决的是"执着"问题，它不是一种固化的知识，所以不是说从他处学来般若智慧然后记住就可以了，惠能讲法不断强调不是这样的。"菩提般若之智，世人本自有之"，每个人的般若智慧并不都是一样的，"我的般若智慧"在哪里得靠"我"自己去悟,而且不是"悟"就可以了,更重要的是要"行"。所谓"行",就是要去解决"执着"这个问题。世人执着无处不在,每一刹那、每一件具体事情上都可能有执着。面对纷纭复杂的世界,如何去观透每一刹那事物的真相,让自己内心处于一种超越执着的境界,然后去度"一切苦厄",这才是般若智慧需要解决的根本问题。第二是惠能还强调了彼岸亦空。我们知道,所谓"彼岸"是比喻佛教修行追求的最终目标,也就是"觉悟"的境界。难道说这个目标也是空?这确实是个问题。不过,如果从空观的角度来看,就很好理解了。空观强调没有什么东西是恒常不变的,自然也包括觉悟的境界。所以"前念迷即凡,后念悟即佛",显然彼岸并不是一个终点,或者说觉悟并不是一个终点,因为后念若再迷,那还是会变成凡,所以觉悟是一个无限的过程。不过,世人更习惯将"彼岸"作为一个确定目标来理解,这也是"成见"。可见形成"成见"非常容易,而要"破成见"却非常难。那"破成见"到底难在哪里呢?至少有一个难点是,很多时候人们用"成见"在思考,而自己却并不知道是"成见"。所以,惠能讲法不断提醒人们不要对一切事物和现象做固化理解,尤其是佛法。惠能这次讲的是摩诃般若波罗蜜法,他特别对"摩诃般若波罗蜜"做了解释,而解释的要义还是在说"摩诃般若波罗蜜"也是空,还是要破除人们对"摩诃般若波罗蜜"形成的"成见"。惠能这一讲法方法,在他整个讲法过程中是贯穿始终的;我们了解了他的这个特点,对他讲法的意义就能够理解得更为深刻。

第七章
般若无念

本章继续导读惠能讲法部分的第二十八至三十三节,这部分惠能主要讲授般若三昧、十二部经、大根小根、悟法受持等相关问题中的佛教智慧。

第一节 般若三昧

(二八)

【原文】善知识!若欲入甚深法界①,入般若三昧②者,直须修般若波罗蜜行,但持《金刚般若波罗蜜经》一卷,即得见性,入般若三昧。当知此人功德无量,经中分明赞叹,不能具说。此是

---

① 法界:指意识所缘对象之所有事物。
② 三昧:在此指"甚深""究竟"的意思。

最上乘法，为大智上根人说。小根之人若闻法，心不生信。何以故？譬如大龙，若下大雨，雨于阎浮提[①]，城邑聚落，悉皆漂流，如漂草叶；若下大雨，雨于大海，不增不减。若大乘者，闻说《金刚经》，心开悟解。故知本性自有般若之智，自用智慧观照，不假文字。譬如其雨水，不从天有，原是龙王于江海中，将身引此水，令一切众生、一切草木、一切有情无情，悉皆蒙润。诸水众流，却入大海，海纳众水，合为一体。众生本性般若之智，亦复如是。

【译文】善知识！如果有人想悟入甚深法界，悟入般若三昧，只需要修行般若波罗蜜这一法门，只需要诵持一卷《金刚般若波罗蜜经》，就能够明心见性，悟入般若三昧。应当知道诵持经文的人功德无量，经文中对这种行为的赞叹之处，多到不能具体说明。这是最上乘的佛法，可对有大智大慧、上等根器的人讲说。这种佛法如果被小根器的人听到，他们内心往往产生不信服的想法。原因是什么呢？打个比方，天上的大龙向人间降下大雨，雨下在须弥山南阎浮提，那么其中的城镇聚落，都会像草叶般在雨水中漂浮流动；如果大雨下在大海中，大海的水量是不增不减的。如果是智慧上乘的人听闻我讲说《金刚经》，内心便能开悟理解。由此可知般若之智自在人的本性中，各自运用自性中的般若智慧观照，这种观照和觉悟不需要借助文字。就好比那雨水，并非从天而降，原本是龙王在江海中，用身体将水引

---

① 阎浮提：又作"赡部洲"，本为印度之地，后来泛指人间世界。

到天上，使芸芸众生、花草树木、一切有情物与无情物，都蒙受滋润。诸水众流注入大海，大海容纳诸水众流，将其合为一体。芸芸众生本性自有的般若之智，也是这样。

【解说】惠能在这一节特别强调了《金刚经》在修般若行中的重要作用。"但持《金刚般若波罗蜜经》一卷，即得见性"，为什么修《金刚经》就可以见性？我们可以进一步追问，修其他佛教经典可不可以见性？或者说是不是其他经典可以不必修？这些都是很值得思考的问题。不过，惠能接着说，若修《金刚经》"心开悟解"的话，正能说明"本性自有般若之智，自用智慧观照，不假文字"，这又是什么意思呢？一方面说持《金刚经》即得见性，一方面又说见性乃自用智慧观照而不假文字？结合惠能前面所说之法，这里对《金刚经》的定位是非常有意味的，也是对佛经很具代表性的一种定位。我们可以这样理解，惠能认为《金刚经》是一个极好的"大善知识"，正如前面曾讲过迷人可请大善知识"示道见性"。不过，大善知识只能"示道"，"见性"还得靠自己的般若智慧。显然，惠能认为《金刚经》是一部能很好启发世人"我的般若智慧"的经典，世人悟到"我的般若智慧"，自然可以"见性成佛"。所以这里强调"不假文字"特别有意义，自从人类发明文字以记载、传承人类智慧（知识）后，千百年来也造成了世人形成无数"成见"，以为掌握文字记载就掌握了人类智慧。惠能的"不假文字"之说就是在"破成见"，破除世人对"文字之相"的执着。当然，"不假文字"倒不是说不要文字，而是强调不执着于文字，也就是不要将文字所载比如《金刚经》做固化理解。依此进一步延伸，显然《金刚经》可以作为"大善知识"，其他佛经甚至非佛经的其他事物自然也可以作为"大善知识"，且《金刚经》的"示道"也并不一定适合所有人，这就是"法无定法"，这就是空观。所以，惠能将闻《金刚经》开悟者称为"上根人"，并以雨落于海为喻；而将闻《金刚经》不信者称为"小根人"，并以雨落于城邑为喻。这里的"上根人"和"小根人"其实并无高低褒贬之义，只是对这两类人的一种命名而已。《金刚经》"示道"的方法，有些人一听就有所悟，比如惠能，有些人一听不信或不悟，其实这很正常。如果我们预设开悟的人是悟性高的人、聪明人，不信或不悟的人是悟性低的人、愚人，那才有问题，这叫"分别心"，这是"成见"。这是我们面对佛经时尤应注意的问题。

（二九）

【原文】小根之人，闻说此顿教，犹如大地草木根性自小者，若被大雨一沃，悉皆自倒，不能增长。小根之人，亦复如是。有般若之智，与大智之人亦无差别。因何闻法即不悟？缘邪见障重，烦恼根深，犹如大云，盖覆于日，不得风吹，日无能现。般若之智，亦无大小，为一切众生，自有迷心，外修觅佛，未悟自性，即是小根人。闻其顿教，不信外修，但于自心，令自本性常起正见，一切邪见烦恼，尘劳众生，当时尽悟，犹如大海，纳于众流，小水大水，合为一体，即是见性。内外不住，来去自由，能除执心，通达无碍，心修此行，即与《般若波罗蜜经》本无差别。

【译文】根器小的人,听说这顿悟佛法,便如同大地上根基天性本就弱小的草木一样,如果被大雨一淋,就都各自倒下,不再能继续生长。根性浅薄的人,也是这样。他们本性自有的般若之智,与有大智慧的人也没什么区别。那么为什么听我讲法后不能顿悟呢？因为邪见业障、烦忧恼怒深重,就像大片云彩覆盖太阳,得不到风吹,太阳便不得现身。般若之智,也没有大小之分,只因芸芸众生,自心产生愚迷之念,修行时向身外寻觅佛法,未能领悟本性中自有佛法,这便是根器小的人。听闻顿悟佛法后,不再相信向身外寻觅佛法的修行,只相信自心中本有佛法,使自身本性时常产生正见,一切在尘世间劳顿众生的邪见与烦恼,当下一时皆尽开悟,如同大海容纳众流,大小水流合为一体,这就是彻底地见到自心的佛性。于内于外不生执念,任凭事物自由来去,便能除却执着之心,处处通达而没有障碍,内心据此修行,便与《般若波罗蜜经》上所说根本上没有差别。

【解说】这一节惠能进一步讲了小根之人的问题。我们尤应注意破除受到"文字"影响而形成的对事物认识的"成见",比如看到"小根""上根"的第一反应是有高低褒贬之分。惠能这里就说了"小根人"也有"我的般若智慧",这一点与"上根人"没有区别,"般若之智,亦无大小",他们的区别仅在迷悟之间罢了。那么,小根之人为什么迷而不悟呢？惠能认为原因是"邪见障重,烦恼根深"。所谓"邪见"和"烦恼",具体列举何止八万四千,但究其根源大致都是未能做到"外能善分别诸法相,内于第一义而不动"。只要能够悟到"我的般若智慧",就可以"内外不住,来去自由,能除执心,通达无碍"了。此外,"小根""上根"既可以看作处于迷和悟状态的两类人,也可以看作是一个人所处迷悟的不同阶段,就如前面曾讲过的,"前念迷即凡,后念悟即佛"。

第二节 示道见性

(三〇)

【原文】一切经书及文字,小大二乘,十二部经①,皆因人置,因智慧性故,故然能建立。我若无智人,一切万法本亦不有。故知万法本从人兴,一切经书因人说有。缘在人中有愚有智,愚为小人,智为大人。迷人问于智者,智人与愚人说法,令使愚者悟解心开。迷人若悟解心开,与大智人无别。故知不悟,即佛是众生;一念若悟,即众生是佛。故知一切万法,尽在自身心中,何不从于自心顿见真如本性。《梵网菩萨戒经》云:"本源自性清净。"识心见性,自成佛道。《维摩经》云:"实时豁然,还得本心。"

【译文】所有经书文字、小乘大乘佛法以及十二部经,都是

---

① 十二部经:又作"十二分经""十二分教"等,指将佛陀所说法根据形式与内容分为十二类,即契经、应颂、讽颂、记别、自说、因缘、譬喻、本事、本生、方广、希法、论议。

因为人而设置，都是因为人有智慧的本性，所以才有了这些典籍文字。如果我心中没有世人存在，那么所有万千法相原本也不存在。由此可知万千法相原本因人而生，所有经书因人而有。因世间有明智之人也有愚迷之人，愚迷之人根器小，明智之人根器大。愚迷之人向明智之人问道，明智之人对愚迷之人讲说佛法，使愚迷之人理解佛法心中开悟。如果愚迷之人理解佛法心中开悟，那么就与有大智慧的人没有区别。由此可知如未能开悟，那么眼中不见佛而只见众生；如在瞬间开悟，那么便能认识到众生皆有佛性。由此可知所有万千法相，都在自身自心中，那么为什么不遵从自心，顿悟识见本性自有的真如佛性？《梵网菩萨戒经》中说："我人的自心本性原本清净。"识自本心、见自本性，自然能成就佛道。《维摩诘经》中说："顿时豁然大悟，回归到自己的本心。"

【解说】这一节惠能进一步讲解了一切经书的意义。佛经是什么？或许某些人会找到一串定义来谈佛经是什么，犹如我们谈一般的经典是什么一样。惠能的解释倒很简单，他认为佛经只不过是智人（悟人）向愚人（迷人）所讲之法而已。迷人不悟可请大善知识"示道见性"，显然，一切经书都可视为那个"大善知识"，这就是经书的意义。大善知识只可"示道"，"见性"得靠自己。因此，任何一部佛教经典也都只是在讲"他人的般若智慧"，而"他人的般若智慧"不能代替"我的般若智慧"。如果理解了佛经的这种定位，世人就应该懂得该怎么样去读佛经了。比如一本佛经应该读它里面的什么呢？一个人应该读多少佛经才能开悟呢？有没有必须读的佛经和可以不必读的佛经呢？这里面实际涉及经典阅读的问题，是一个很值得我们去思考的问题。正如惠能所说，佛经就是写佛经的那个人在讲"他的般若智慧"，其他人显然不能将之直接复制为"我的般若智慧"，而应该从中了解他是怎样悟到自己的般若智慧的，从而思考对"我"有什么启发，是否可以帮助"我"找到自己的般若智慧。这就是"法无定法"，这也是空观。沿着这一思路进一步推导，可知不是所有佛经对每一个人都会有启发，有些人可能适合读《金刚经》，有些人可能适合读《华严经》，有些人可能适合读《法华经》，甚至有些人可能适合的不是读佛经，而是观日月星辰、山河大地，其实这都很正常。由此可进一步推出，对世人而言，没有什么佛经非读不可，也没有什么佛经可以不读。一部佛经适不适合自己，其实不好说，是不确定的，所以每个人都要去寻找适合自己的"佛经"，这才是学习佛经的正确方式。此外，惠能在本节还反复强调，"迷人若悟解心开，与大智人无别"，这是在破"迷人""智人"之分别心；"故知不悟，即佛是众生；一念若悟，即众生是佛"，这是在破对"佛"和"众生"的固化理解；"识心见性，自成佛道"，这是在强调自悟。

（三一）

【原文】善知识！我于忍和尚处，一闻言下大悟，顿见真如本性。是故以顿悟教法流行后代，令学道者顿悟菩提，各自观心，令自本性顿悟。若不能自悟者，须觅大善知识示道见性。何名大善知识？解最上乘法，直示正路，是大善知识，是大因缘。所为示道，令得见性。一切善法，皆因大善知识能发起故。三世诸佛十二部经，在人性中本自具有。不能自悟，须得善知识示道见性。若自悟者，不假外求善知识。若取外求善知识望得解脱，无有是处。识自心内善知识，即得解脱。若自心邪迷，妄念颠倒，外善知识即有教授，救不可得。汝若不得自悟，当起般若观照，刹那间妄念俱灭，即是自真正善知识，一悟即至佛地。自性心地，以智慧观照，内外明澈，识自本心。若识本心，即是解脱。既得解脱，即是般若三昧。悟般若三昧，即是无念。何名无念？无念法者，见一切法，不着一切法；遍一切处，不着一切处。常净自性，使六贼①从六门走出，于六尘中不离不染，来去自由，即是般若三昧，自在解脱，名无念行。莫百物不思，当令念绝，即是法缚，即名边见。悟无念法者，万法尽通；悟无念法者，见诸佛境界；悟无念顿法者，至佛位地。

【译文】善知识！我在弘忍大师门下时，一时听闻大师讲法便大彻大悟，顿时识见自性中本有真如佛法。因此将这一顿悟佛法传世，以流行于后代，使修习佛道之人顿悟菩提自性，各自反观其心，使他们各自顿悟本性。如果不能自悟佛法，那么就必须寻觅大善知识，指点正道，以见自本性。什么人被称为"大善知识"？能解说最上乘佛法，直接明示正道的人就是大善知识，

---

① 六贼：即产生烦恼根源的色、声、香、味、触、法六尘。六尘以眼、耳、鼻、舌、身、意六根（六门）为媒介劫夺一切善法，故以贼喻之。

遇上这样的人是大因缘。他们为众生开示佛道，使众生得以见自本性。所有善法都因大善知识能发起讲说而存。三世众佛、十二部经，在世人的本性中自有。世人不能自己领悟，就必须寻得善知识以"示道见性"。如果有人能自己觉悟，便不必向身外寻求善知识帮助。如果执着于向外寻求善知识才能得到解脱，这是不正确的。认识到自己内心本有如善知识般的智慧，就能得到解脱。如果内心充满邪恶愚迷，充满虚妄颠倒，那么身外即使有教授佛法的善知识也不能得救。如果你不能够自己觉悟，便应当生起般若观照的正念智慧来观照内心，刹那间断除一切虚妄念想，这就成为自心中真正的善知识，一念开悟便到达成佛的境界。以般若之智反观照鉴自心自性，即可识见内心外界清明澄澈，识见本心自有的真如佛性。如果识见了本心自有的真如佛性，便得到自在无碍的解脱。既然得到了解脱，这就是般若三昧的境界。领悟般若三昧，就是无念。什么叫作"无念"？"无念"这一佛法，就是能够见闻觉知一切事物，但心中不染着任何一种事物；智慧能够遍及一切处境，但不止滞于任何一种境遇。时常使自己的本性清净，使产生烦恼根源的色、声、香、味、触、法，从眼、耳、鼻、舌、身、意这六门中走出去，身处六尘中不离不染、来去自由，这便是般若三昧，自在解脱，这就叫作"无念行"。不能什么都不思考，使意念断绝，这样就是对佛教理论一知半解而陷入束缚之中，就叫作"边见"。领悟无念佛法的人，能通晓万法无有障碍；领悟无念佛法的人，能见到众佛所在之境界；领悟无念顿法的人，能最终成就圆满佛果。

【解说】这一节惠能对前面所讲之法做了一个小结。重点讲了四个方面：第一，修行是"令自本性顿悟"。简言之，就是得靠自己悟。"菩提般若之智，世人本自有之"，就是强调世间没有一个公共的般若智慧，世人只要复制就可以觉悟，所以每个人都应该去悟得"我的般若智慧"，这是自悟的根本途径。第二，迷人可请大善知识"示道见性"。不过，大善知识只能"示道"，"见性"还是得靠自己，这应该是大多数人走向自悟的方法和路径。何为大善知识？"解最上乘法，直示正路，是大善知识，是大因缘"。所以大善知识可以是开悟的人，他们为迷人讲自己开悟的经验，就形成了经书。所以大善知识也可以是经书，经书的意义也就很明确了。当然，大善知识还可以是令"我"悟到"我的般若智慧"的一切事物。第三，破除外求大善知识以得解脱的"成见"。惠能这里特别强调"若取外求善知识望得解脱，无有是处"，其实这讲的就是不要将某种法做固化理解，就是"破成见"问题，这是惠能讲法中讲得最多的一个问题。世人太习惯将外在诸法相做确定理解，再要求自己依之修行，而不能发现其中存在的执着。惠能在讲"一行三昧""坐禅""归依""发愿""忏悔""受戒"等方法时，都指出了这种问题，并提醒世人尤应记住"外能善分别诸法相，内于第一义而不动"这句话。第四，借无念行以明中道。惠能在此对"无念"又做了详细阐释，之前曾以中道方法释"无念"为"于念而不念"，这里对中道方法又做了再次强调："无念法者，见一切法，不着一切法；遍一切处，不着一切处""于六尘中不离不染"。中道的反面即是边见，"莫百物不思，当令念绝，即是法缚，即名边见"。边见就是分别心，不要有分别心就是对"于念"和"不念"两边都不应执着，超越两边即是中道，"应无所住而生其心"即是中道。

第三节　无相灭罪

（三二）

【原文】善知识！后代得吾法者，常见吾法身不离汝左右。善知识！将此顿教法门，同见同行，发愿受持如是佛教，终身受持而不退者，欲入圣位，然须传授。从上以来，默然而付衣法，发大誓愿，不退菩提，即须分付。若不同见解，无有志愿，在在处处，勿妄宣传，损彼前人，究竟无益。若愚人不解，谤此法门，百劫千生，断佛种性。

【译文】善知识，习得我这门佛法的后代人，时常得见我的法身不离你左右。善知识！把这一顿教法门，共同了解共同践行，发下誓愿受持这顿教佛法，终生奉行而绝不退转的人，想要进入圣位，然而这顿教法门必须经过传授。从很早以来，便有了历代祖师默默传授僧衣佛法的事迹，需要发下大誓愿，发不退菩提之智，这些必须一一交付嘱托。如果遇到与顿教法门持不同见解，没有一定志向与愿望的人，无论在何时何地，切勿妄传此法，否则不仅损害前人，而且毫无益处。如果愚迷之人不理解佛法，反而诽谤顿教法门，定会产生百千劫难，断绝佛种佛性。

【解说】这一节惠能讲了传法的问题。什么样的人可传？什么样的人不传？按惠能的说法，"同见同行""发愿受持""终身受持而不退"者可专；"不同见解""无有志愿""谤此法门"者不传。常言道："佛度有缘人。"所以惠能的意思也可以说是"法传有缘人"。这一传法态度中其实同样呈现着空观智慧。正如前面所讲，惠能之法也可视为"大善知识"。此法自有适合者，可能就是那些"同见同行"者；但也有不适合者，可能就是那些"不同见解"者。且传法者只是"示道"，"见性"还得靠修行者自己，"法无定法"，惠能法亦如此。所以，所谓"法传有缘人"，就是强调不对法做固化理解，不对修行做固化理解，传达的正是空观智慧。

（三三）

【原文】大师言："善知识！听吾说《无相颂》，令汝迷者罪灭，亦名《灭罪颂》。颂曰：

愚人修福不修道，谓言修福而是道。

布施[①]供养福无边，心中三业[②]原来在。

若将修福欲灭罪，后世得福罪原在。

若解向心除罪缘，各自性中真忏悔。

---

① 布施：大乘六波罗蜜之一，意为给予他人财物、智慧等，是为他人造福成智以积功德、求解脱的一种修行方法。

② 三业：指身、口、意三业。

若悟大乘真忏悔，除邪行正即无罪。

学道之人能自观，即与悟人同一例。

惠能今传此顿教，愿学之人同一体。

若欲当来觅法身，三毒恶缘心里洗。

努力修道莫悠悠，忽然虚度一世休。

若遇大乘顿教法，虔诚合掌至心求。"

大师说法了，韦使君、官僚、僧众、道俗，赞言无尽，昔所未闻。

【译文】惠能大师说："善知识！听我讲说《无相颂》，帮助你们这些迷途之人消灭罪恶，因此这首偈颂也叫作《灭罪颂》。颂文如下：

愚迷之人只讲修福田却不懂修佛道，反而声称只要修福田就是修佛道。

这些布施和供养虽然也是福德无边，但是心中贪嗔痴却仍然在自身上。

如若想通过修福田的方式灭去罪恶，后世即使得福报但罪业之原仍在。

如果懂得转向内心根除罪障的因缘，就能够在各自自性中获得真忏悔。

如果领悟到大乘佛教所言之真忏悔，断除邪见实行正道就能消除罪障。

修习佛道之人能经常省察观照内心，那么与一切觉悟者没有什么分别。

惠能今日向在座各位宣说顿教法门，愿意修行的人也都是同心同德的。

如果想要下一刻寻回本性觅得真心，就必须将心中贪嗔痴彻底地洗净。

请诸位抓紧当下努力修道莫要蹉跎，倏忽之间时光虚度一世就过去了。

如果诸位日后遇到大乘顿悟的法门，应当虔诚合掌用最真诚的心求取。"

大师讲法完毕，韦使君、官僚、僧众、道俗，吐露无尽赞美之言，说这是从前未曾听闻过的。

【解说】讲法最后惠能送给听众们一首《无相颂》，是用偈颂再次对所讲之法进行小结。这里选取其中三段做讲解。第一段，"愚人修福不修道，谓言修福而是道。布施供养福无边，心中三业原来在"。这是在提醒世人，不要忘记佛教修行的根本目的是解脱。第二段，"若将修福欲灭罪，后世得福罪原在。若解向心除罪缘，各自性中真忏悔"。这是在提醒世人，真正的解脱是自性真忏悔。第三段，"若悟大乘真忏悔，除邪行正即无罪。学道之人能自观，即与悟人同一例"。这是在提醒世人，自性真忏悔是指能自观，也就是自性悟。佛教修行从语言上来讲，确实也不复杂，但"言下悟易，事上行难"，"行"才是佛教要修的根本目标。

惠能讲法至此就全部结束了，这里我们选择三句话来对惠能讲法做一个简要总结。第一句，"菩提般若之智，世人本自有之"。这是惠能讲法的开篇第一句话,这句话突出的是"我的般若智慧"。"世人本自有之"并不是说有一个东西叫般若智慧,世人都有或者说世人都去求那个东西,其实不是这样的。"世人本自有之"强调的是每个人心中都有自己的般若智慧,或者说每个人要悟的不是他人的般若智慧,而是"我的般若智慧"。因为每个人的觉悟方法和路径跟别人是不完全一样的,所以每一个人都要去寻找"我的般若智慧",这样才能够"自悟"。第二句,"外能善分别诸法相,内于第一义而不动"。这句话讲的就是空观,"第一义而不动"就是要守住空观这一方法,要能够用这一方法观看世间万事万物,如此才能看到它们的实相,才能够"善分别诸法相"。这句话也在讲中道,中道强调"不落一边";以"空"来说,真正的"空"应是"亦空亦不空"。第三句话,"于一切时中,行住坐卧,常行直心"。这是惠能讲"一行三昧"时对其所做的界定。这里是以"一行三昧"为代表来看惠能讲法的特点,这个特点就是不断破除世人对佛法形成的"成见"。"法无定法",任何法都不应做固化理解,否则就成为"成见"。因此,"破成见"很关键。

第八章
使君礼拜

从这一章开始进入惠能与弟子互动部分的导读。互动部分包括敦煌本《坛经》的第三十四至五十七节,分三章来讲。本章导读第三十四至三十九节,这部分主要涉及达摩见武帝、西方净土、在家修行、南能北秀等互动问题中所包含的佛教智慧。

第一节 净土在心

(三四)

【原文】使君礼拜,白言:"和尚说法,实不思议。弟子尚有少疑,欲问和尚。望意和尚大慈大悲,为弟子说。"大师言:"有疑即问,何须再三?"使君问:"法可否?如是西国第一师达摩祖师宗旨?"大师言:"是!"使君问:"弟子见说达摩大师化梁武帝。帝问达摩:'朕一生以来,造寺、布施、供养,有功德①否?'达摩答言:'并无功德。'武帝惆怅,遂遣达摩出境。未审此言,请和尚说。"六祖言:"实无功德,使君勿疑达摩大师言。武帝着邪道,不识正法。"使君问:"何以无功德?"和尚言:"造寺、布施、供养,只是修福。不可将福以为功德,功德在法身,非在于福田。自法性有功德,平直是佛性,外行恭敬。若轻一切人,吾我不断,即自无功德。自性无功德,法身无功德。念念行平等直心,德即不轻。常行于敬,自修身即功,自修心即德。功德自心作,福与功德别。武帝不识正理,非祖大师有过。"

【译文】韦使君行礼拜见惠能大师说:"大师讲说的佛法,实在是不可思议啊。弟子尚且存在些许疑惑,打算向大师请教。希望您大发慈悲,为弟子指点迷津。"惠能大师说:"有疑惑便问,何须再三请示?"使君问:"您所讲之法是否为西方印度来的第一代祖师达摩大师所立宗旨?"惠能大师说:"是!"使君问:"弟子曾见人传说达摩大师教化梁武帝一事。梁武帝问达摩大师:'我一生以来,修建佛寺、布施广大、供养三宝,这样做有功德吗?'达摩大师回答说:'并没有功德。'武帝对此万分惆怅,于是遣送达摩大师离开梁国国境。我未能领悟这番话,恳请大师指点。"六祖说:"确实没有功德,使君不要怀疑达摩大师的话。武帝执着于不正确的见解,不识得真正的佛法。"使君问:"为什么没有功德?"惠能大师说:"修建佛寺、布施广大、供养三宝,

---

① 功德:指功能福德,即行善所获之果报。

只是修福。不能把福报当作功德，功德在法身中，不在修福田之中。自身法性中有功德，平直之心中有佛性，对待他人就能行为恭敬。如果轻视他人，就不能断绝我执之心，自身便没有功德。自性没有功德，法身便没有功德。常怀众生平等的正直之心，功德就已不轻。常怀恭敬的态度行事，自修其身便是功德，自修其心也是功德。功德源于自心，外在的福报与内在的功德有区别。是武帝不懂得真正的功德是什么，而不是我祖达摩大师说错了什么。"

【解说】这一节讲韦使君向惠能请教"达摩大师化梁武帝"故事中的问题。"达摩大师化梁武帝"故事的真实性学术界是有争议的，这里我们不必讨论这个问题，可以只将它视为禅宗的一个公案事故来看待。韦使君提的关键问题是，为什么达摩说梁武帝无功德？惠能的回答首先就指出梁武帝的问题是"不识正法"，显然这里还是在讲如何理解佛法的问题。那么，梁武帝对佛法的理解错在哪里呢？惠能指出，梁武帝的根本错误是以造寺、布施、供养为功德（功德可以理解为目的），忽略了修行的真正目的是明心见性，是悟到"我的般若智慧"，而造寺等行为不过是修行的方法而已。这种将方法与目的混淆的现象前面曾经做过分析，问题还是出在将修行方法做固化理解。所以惠能在这里再次强调："功德在法身""自修身即功，自修心即德"，即要自修自悟般若智慧；然后"念念行平等直心"，即将般若智慧落实在每一刹那的"行"中。这即是正法。

（三五）

【原文】使君礼拜，又问："弟子见僧俗常念阿弥陀佛，愿往生①西方。请和尚说，心平得生彼否？望为破疑。"大师言："使君听，惠能与说。世尊在舍卫城②，说西方引化，经文分明，去此不远，只为下根。说近说远，只缘上智。人自两种，法无两般。迷悟有殊，见有迟疾。迷人念佛生彼，悟者自净其心。所以佛言：'随其心净，则佛土净。'③使君！东方但净心无罪，西方心不净有愆。迷人愿生东方、西方，悟者所在处并皆一种。心地但无不净，西方去此不远；心起不净之心，念佛往生难到。除十恶④即行十万，无八邪⑤即过八千。但行直心，到如弹指。使君！但行十善⑥，何须更愿往生？不断十恶之心，何佛即来迎请？若悟无生⑦顿法，见西方只在刹那；不悟顿教大乘，念佛往生路远，如何得达？"六祖言："惠能与使君移西方刹那间，目前便见，使君愿见否？"使君礼拜："若此得见，何须往生？愿和尚慈悲，为现

---

① 往生：指生命终结后转生于他方世界，通常为死的代用词。
② 舍卫城：古印度佛教圣地，相传为释迦牟尼居留、说法处。
③ "随其心净，则佛土净。"：出自《维摩诘经·佛国品》。
④ 十恶："十种恶业"的简称，即杀生、偷盗、邪淫（"身"三业），妄言、绮语、两舌、恶口（"口"四业），贪、嗔、痴（"意"三业）。
⑤ 八邪：指八种邪道，是"八正道"的反面，即邪见、邪思维、邪语、邪业、邪命、邪精进、邪念、邪定。
⑥ 十善："十种善业"的简称，是十恶的反面。
⑦ 无生：指诸法无实体、性自空，诸法之实相无生灭。

西方，大善！"大师言："一时见西方！无疑即散！"大众愕然，莫知何事。大师曰："大众！大众！作意听！世人自色身是城，眼、耳、鼻、舌、身即是城门。外有五门，内有意门。心即是地，性即是王。性在王在，性去王无。性在身心存，性去身心坏。佛是自性作，莫向身外求。自性迷，佛即是众生；自性悟，众生即是佛。慈悲即是观音①，喜舍名为势至②，能净是释迦，平直即是弥勒③，人我即是须弥④，邪心即是海水，烦恼即是波浪，毒心即是恶龙，尘劳即是鱼鳖，虚妄即是鬼神，三毒即是地狱，愚痴即是畜生，十善即是天堂。无人我，须弥自倒；除邪心，海水竭；烦恼无，波浪灭；毒害除，鱼龙绝。自心地上觉性如来⑤，放大智慧光明，照耀六门清净，照破六欲诸天⑥，下照三毒若除，地狱一时消灭，内外明澈，不异西方。不作此修，如何到彼？"座下闻说，赞声彻天，应是迷人，了然便见。使君礼拜，赞言："善哉！善哉！普愿法界众生，闻者一时悟解。"

【译文】韦使君再次行礼拜见惠能大师并问道："弟子见僧人、信众口中常念阿弥陀佛，希望往生至西方极乐净土。恳请

---

① 观音：菩萨名，观世人称菩萨名之音而得救，故名"观世音"。
② 势至：菩萨名，菩萨的智慧遍及一切处，故名"势至"。
③ 弥勒：佛之姓名，又译为慈氏，名阿逸多，有无能胜之意，是继释迦牟尼后的未来佛。
④ 须弥：即须弥山，此山为佛教幻想的世界中心。
⑤ 如来：佛的十号之一，佛乘真如而来，成就正觉之义，故称"如来"。
⑥ 六欲诸天：指欲界里的六天（四天王天、忉利天、夜摩天、兜率天、乐变化天、他化自在天），意即天上人间。

大师告诉我,能否往生到那里?希望您为我点破疑惑。"大师说:"使君您听我说。佛祖在舍卫城,讲说西方接引度化之法,所讲经文清楚地指出,西方极乐净土距离这里不远,这是佛陀针对下根之人讲的。对人说极乐净土距此远近,只因他们智慧高低不同。世间自有智慧高低、根器大小两种人,佛法却始终只有一种。愚迷、醒悟有所差异,明心见性有快有慢。愚迷之人靠念佛希求往生彼岸,悟道之人靠自己修行净化心灵。因此佛祖说:'心净了,佛土便也随之净了。'韦使君!身处东方的此岸之人只要自净其心就没有罪过,那些身处西方之彼岸的人若是不能自净其心一样也有罪过。愚迷之人认为往生之处有东方、西方之别,彻悟之人无论身在何处都将其视为一处。心中的不净之念一旦消失,西方极乐净土便离此不远;心中产生不净之念,即使念佛也难以往生至极乐净土。去除十恶业就相当于向极乐净土行走了十万里,远离八邪道就相当于向极乐净土行走了八千里。只要以平直之心行事,到达西方极乐净土就是弹指一念之间的事情。使君!只要以十善为行为准则,何须再盼往生?不断绝十恶之心,又何必去迎请佛祖呢?如果领悟了无生顿教法,见西方极乐净土只在刹那间;如果不领悟顿教大乘佛法,那么念佛往生的路途遥远,如何才能到达?"惠能大师说:"惠能能在刹那间就给使君移来西方净土,眼前便可见到,使君您可愿一见?"使君礼拜惠能大师,并说:"如果我在此处得见净土,那么何必再另求往生西方呢?愿大师大发慈悲,为我示现西方极乐净土,真是极好!"惠能大师说:"当下你们就看见西方极乐净土了!没有疑惑就散场吧！"众人感到惊愕，不知如何是好。惠能大师说："众人们！众人们！请用心听我说！世人的肉身仿佛是一座城，眼睛、耳朵、鼻子、舌头、身体是这座城的城门。在外有这五门，在内有一个意门。人心就是土地，人性就是管理土地的君主。自性存在君主便存在，自性消失君主便消失。自性存在，那么身心便存在；自性离开，那么身心便败坏。佛性是在人的自性之中的，不必向身外去求索。自性迷失了，佛即是众生；自性开悟了，众生即是佛。心怀慈悲就是观音菩萨，乐善好施就是势至菩萨，自性能净就是释迦牟尼，平和正直就是弥勒佛，在心中存在人我之分那就为自己设立了一座障道的须弥山，心中不断翻滚着邪见恶念就像波涛汹涌不得安宁的大海水，心中不间断的无明烦恼好比是水面上不断升起的波浪，心中毒害他人的歹念就是作恶多端的恶龙，在尘劳中奔波不停就像盲目短视的鱼鳖，那些生生灭灭的虚妄之念好比是虚无缥缈的鬼鬼神神，心中的贪、嗔、痴'三毒'炽盛就好像身处地狱一般，心中愚迷痴狂就和畜生没有什么区别，常常修行十种善行那就像是身处天堂。去除心中的人我分别的执着，障道的须弥山自会倾倒；去除心中的邪见恶念，汹涌的海水也会自然枯竭；心中不再徒生烦恼，波浪随之消减；除去毒害之心，鱼龙即可绝迹。自己心地上的佛性觉醒，大放智慧光明，照耀六根清净，照破六欲诸天，如果向内照除'三毒'之念，地狱瞬时消灭，内外清明澄澈，便与到达西方极乐净土没有区别。不照此修行，如何能到达西方极乐世界呢？"听闻这番话，大师座下人们的赞叹声响彻天际，即使是愚迷之人，也应了然于心、见自本性。韦使君礼拜惠能大师并称赞道:"妙啊! 妙啊! 愿法界所有众生在听闻大师讲法后霎时开悟理解。"

【解说】这一节讲韦使君问"西方净土"的问题。使君的疑问是：都说常念阿弥陀佛,往生后便可去西方极乐世界,这是真的吗？惠能分了几个层次来回答。首先,佛说"西方净土"在佛经中确有记载,这不是假的；其次,佛说"西方净土"是作为一种引导世人觉悟的方法,这一点尤应注意；再次,既然作为一种修行方法,其目的自然是明心见性,而不是真的往生净土；最后,惠能引《维摩诘经》小结,"随其心净,则佛土净"。惠能这里其实还是在破除世人对佛法的"成见",这与他讲"一行三昧""坐禅"等方法是一样的。此外,将修行方法做固化理解,极易产生将方法当成目的的错误观念。将"西方净土"这一方法当目的而愿往生,正是这种现象的具体表现。惠能在韦使君提问这两节中反复讲的,还是不断提醒世人,依法修行,当悟"我的般若智慧",也就是明心见性,如此才是走在觉悟成佛的正确道路上。

第二节 曹溪立宗

(三六)

【原文】大师言:"善知识! 若欲修行,在家亦得,不由在寺。

在寺不修,如西方心恶之人;在家若修行,如东方人修善。但愿自家修清净,即是西方。"使君问:"和尚!在家如何修?愿为指授。"大师言:"善知识!惠能与道俗作《无相颂》,汝等尽诵取,依此修行顿教法,常与惠能说一处无别。"颂曰:

说通①及心通②,如日处虚空。惟传顿教法,出世破邪宗。

教即无顿渐,迷悟有迟疾。若学顿法门,愚人不可悉。

说即虽万般,合理还归一。烦恼暗宅中,常须生慧日。

邪来因烦恼,正来烦恼除。邪正悉不用,清净至无余③。

菩提本清净,起心即是妄。净性于妄中,但正除三障④。

世间若修道,一切尽不妨。常见在己过,与道即相当。

色类自有道,离道别觅道。觅道不见道,到头还自懊。

若欲觅真道,行正即是道。自若无正心,暗行不见道。

若真修道人,不见世间过。若见世间非,自非却是左。

他非我不罪,我非自有罪。但自去非心,打破烦恼碎。

若欲化愚人,事须有方便。勿令彼有疑,即是菩提现。

法原在世间,于世出世间。勿离世间上,外求出世间。

邪见在世间,正见出世间。邪正悉打却,菩提性宛然。

---

① 说通:指通达教理并能依据众生根机以巧方便为之说法。
② 心通:指远离文字妄想,一心悟证本性,以通达堂奥宗旨。
③ 无余:与有余相对,指完全穷尽而一无残余。
④ 三障:业障、烦恼障、苦报障的统称。业障是指五逆十恶的行为,烦恼障是由贪、嗔、痴导致,苦报障指地狱、恶鬼、畜生等的苦报,三障能遮蔽法身与正道。

此但是顿教，亦名为大乘。迷来经累劫，悟即刹那间。

【译文】惠能大师说："善知识！如果想修行佛法，在家修行也可得道，不一定非要在寺中出家。身在寺中却不潜心修行，如同身在彼岸西方却心性恶劣；身不在寺而潜心修行，如同身在此岸东方而修善行。但愿善知识各自修习清净，即是身在西方极乐世界。"韦使君问："大师！在家如何修行？希望您能指导教授。"大师说："善知识！我与众道俗作《无相颂》，你们都可吟诵，依照此颂修行顿教佛法，颂之宗旨与我经常讲说的佛法没有一处区别。"颂中说：

教理通一定要做到心灵通，如太阳在虚空中通达遍照。
唯传授直指内心的顿教法，才能真正解脱并破除邪见。
教门本质上不分顿教渐教，只是众人从迷转悟有快慢。
如果执着于名称学习顿教，愚迷之人就永远不能开悟。
讲说佛法虽然须万般解释，但是切入的真理只有一个。
被烦恼缠缚犹如身处暗宅，心中须时常升起般若观照。
邪见来到是因为有了烦恼，为了对治烦恼而有了正见。
等修到用不上邪正的分别，就达成无限彻底的清净心。
菩提心本是清净无染着的，一旦起心动念就生出妄想。
清净本性在这些妄想之中，只管端正自心消除种种障。
世间人如果想要修习佛道，一切都不会成为他的妨碍。
自己察觉自己身上的罪业，那么他就和佛道契合相当。
众生各有各的修行的道路，离开自己的道路另求别路。
向外寻找道路却不见正道，到头来还是自己十分懊悔。

如果想要去寻觅一条正道，行为正直如实其实就是道。
自己如没有一颗正念之心，像在暗处行走看不到道路。
如果是真正修行佛法的人，看不到世间种种是非功过。
如果眼里满是世间的是非，那些是非却是自心的罪过。
他人有错误不代表我有罪，我自己有错就代表我有罪。
只需要自己去掉是非之心，就能打破所有烦恼和障碍。
如果想度化那些愚迷的人，处理事情上需要方便教化。
不要使得他们产生怀疑心，这就是菩提心的作用显现。
佛法本来就存在于现世间，它适用于世出世间的一切。
切莫去追求离开现世本身，以为外头还有一个出世间。
邪见就是世间的种种迷惑，正见就是超脱世间的智慧。
对邪正二见的分别都打尽，清净的菩提自性就显现了。
以上就是所谓的顿教法门，也称作度众生的大乘法船。
一念迷就要经历千劫百难，一念悟就只需要刹那之间。

【解说】这一节惠能讲了在家修行问题。修行到底是在家好还是在寺好呢？这是世人经常讨论的问题，甚至还会有争论在寺修行更好或在家修行更好等不同观点。如何理解这一问题呢？惠能还是回到如何理解佛法这个角度来解释这一问题。其实，无论在家还是在寺，都是一种修行方式或一种修行方法。既然是方法，我们都知道"法无定法"，没有一种方法一直是"正法"，也没有一种方法一直是"邪法"，有益于悟到"我的般若智慧"的法才是"我的正法"。惠能说的"在寺不修，如西方心恶之人；在家若修行，如东方人修善"正是这个意思，这就是空观。

所以，在家或在寺，哪有什么好与坏、高与低之分呢？当然，这倒不是说在家、在寺没有差别，两者客观上肯定是有差别的。但是，我们不能因为这种差别而产生分别心，比如认为出家更有利于修行，并由此形成出家比在家高、在好寺院出家比在差寺院出家高等一系列高低优劣之分别，这些都是"成见"。惠能说修行"在家亦得，不由在寺"，正是在破除世人的这种"成见"。最后，惠能送给听众一首《无相颂》，是对这次所讲之法的一个概括。

（三七）

【原文】大师言："善知识！汝等尽诵取此偈，依偈修行，去惠能千里，常在能边；依此不修，对面千里。各各自修，法不相待。众人且散，惠能归漕溪山①，众生若有大疑，来彼山间，为汝破疑，同见佛性。"合座官僚、道俗，礼拜和尚，无不嗟叹："善哉大悟，昔所未闻，岭南有福，生佛在此，谁能得知？"一时尽散。

【译文】惠能大师说："善知识！你们都去吟诵此偈，依照偈中宗旨修行佛法，即使你我相隔千里，也如同常在身旁；不依偈中宗旨修行佛法，即使你我仅对面之隔，也如同相隔千里。善知识需各自修行佛法，不需依傍他人。大家现在暂且散去，我要回

---

① 漕溪山：又作"曹溪山"，即今韶关曲江区东南之双峰山。因为山下有曹溪，故名"曹溪山"。

漕溪山了，你们如果有大疑惑，就去那山中找我，我为你们破除疑惑，以共同见证佛性。"在座的所有官僚、道俗，都礼拜惠能大师，没有不为之嗟叹的："如今能大彻大悟真是太好了，大师讲法昔日闻所未闻，这是岭南人的福分，活佛在此，谁人能知？"一时间众人散去。

（三八）

【原文】大师往漕溪山，韶、广二州行化四十余年。若论门人，僧之与俗，约有三五千人，说不可尽。若论宗旨，传授《坛经》，以此为约。若不得《坛经》，即无禀受。须知法处、年、月、日、姓名，递相付嘱。无《坛经》禀承，非南宗弟子也。未得禀承者，虽说顿教法，未知根本，终不免诤。但得法者，只劝修行，诤是胜负之心，与佛道违背。

【译文】惠能大师回到漕溪山，在韶、广二州游行教化四十多年。如论及门人数量，僧尼与信众共约三五千人，还远不止此数。如论及佛法宗旨，就是这本传授的《坛经》，以此作为修行的依据与归约。如果不习得《坛经》，便没有禀受大师教诲。必须知晓该人修法的处所、得法的年月日、姓名，一代一代交付嘱托。不秉承《坛经》宗旨的，就不是南宗弟子。不秉承《坛经》宗旨的，虽然也讲说顿教佛法，也不能领悟其根本精神，终究难免有口舌争论。真正领悟顿教佛法的人，只是劝勉要亲自努力修行，口诤是怀有胜负之心的表现，是违背佛道的行为。

（三九）

【原文】世人尽传南宗能、北宗秀，未知根本事由，且秀禅师于南都荆州江陵府当阳县玉泉寺①住持②修行，惠能大师于韶州城东三十五里漕溪山住持修行。法即一宗，人有南北，因此便立南北。何以渐顿？法即一种，见有迟疾，见迟即渐，见疾即顿，法无顿渐，人有利钝，故名渐顿。

【译文】世人都传言南宗的祖师是惠能，北宗的祖师是神秀，而不知事情的根本和由来，神秀禅师在南都荆州江陵府当阳县玉泉寺住持修行，而惠能大师在距韶州城东三十五里的漕溪山住持修行。其实南北二宗传授的佛法本属一宗，只因人有南北之分，便立下南北二宗。为什么区分出渐法和顿法？佛法只有一种，而人们证悟佛法有慢有快，证悟较慢就是渐悟，证悟较快就是顿悟，佛法没有顿悟、渐悟之分，而领悟佛法之人的根器有利有顿，因此称这两种方式为渐悟与顿悟。

【解说】以上三节讲惠能在漕溪开宗传法之事，因此合并一起讲解。叙事内容就不多讲了，主要讲解涉及佛法的内容，有两点我们应重点理解。第一是关于"不诤"。惠能说"诤是胜负之心，与佛道违背"，这怎么理解？其实争胜负背后就是"分别心"，就是"成见"。关于这个问题我们应该能很快做出判断，如

---

① 玉泉寺：在今湖北当阳城西十五公里玉泉山东麓，神秀曾于此寺住持，创立禅宗北宗。

② 住持：原指久住于寺护持佛法，后指掌寺主僧。

此才是"能善分别诸法相"。第二是关于"南宗""北宗"。法分南北,就是"分别心";法分顿渐,也是"分别心"。所以惠能说,"法即一宗,人有南北,因此便立南北""法无顿渐,人有利钝,故名渐顿"。面对佛法,不应有"分别心",不应做固化理解,"应无所住而生其心",这才是正确对待佛法的方法。

第九章
法达问经

本章继续导读惠能与弟子互动部分的第四十至四十六节,这部分主要涉及志诚探疾迟、法达转法华、智常问四乘、神会疑不见、三十六对法等互动问题中所包含的佛教智慧。

第一节 志诚探疾迟

(四〇)

【原文】神秀师常见人说,惠能法疾,直指见路。秀师遂唤门人僧志诚曰:"汝聪明多智,汝与吾至漕溪山到惠能所,礼拜但听,莫言吾使汝来。所听得意旨,记取,却来与吾说,看惠能见解与吾谁疾迟。汝第一早来,勿令吾怪。"志诚奉使,欢喜遂行,半月中间,即至漕溪山,见惠能和尚,礼拜即听,不言来处。志诚闻法,言下便悟,即契本心。起立即礼拜,白言:"和尚！弟子从玉泉寺来，秀师处不得启悟，闻和尚说，便契本心。和尚慈悲，愿当教示。"惠能大师曰："汝从彼来，应是细作？"志诚曰："不是！"六祖曰："何以不是？"志诚曰："未说时即是，说了即不是。"六祖言："烦恼即是菩提，亦复如是！"

【译文】神秀大师常听别人说，惠能大师传法讲求顿悟，直指人心以明心见性。神秀大师于是唤来门徒僧人志诚说："你天资聪颖而明达多智，替我到漕溪山惠能那里去，你去礼拜他并听他讲法，不要说是我派你前来。将你听得的大意宗旨记下来，回来对我讲说，看看我与惠能见解佛法孰快孰慢。你尽早回来，不要让我怪罪。"志诚奉神秀大师之命，满心欢喜地到漕溪山礼拜惠能大师，礼拜后便听其讲法，不说自己从何处来。志诚一听惠能大师讲法便有所领悟，且与本心相契合。于是站起身礼拜惠能大师，说道："大师！我从玉泉寺来此，是因为在神秀大师处受不到领悟佛法的启发，听您讲法后，深深感到与本心相契合。大师您以慈悲为怀，愿您将佛法教授示现于我。"惠能大师说："你从玉泉寺神秀处来此，是不是细作？"志诚说："不是！"六祖惠能说："怎么不是？"志诚说："未明说来历前我是细作，说明了来历我便不再是细作。"六祖惠能说："烦恼就是菩提，也是同样的道理！"

【解说】这一节讲志诚赴漕溪探法的故事。讲解的重点是惠能与志诚关于"细作"的讨论，我们该如何理解惠能最后所说"烦恼即是菩提，亦复如是"？首先，我们来理解志诚关于"细作"的说法。志诚说"未说时即是，说了即不是"，这句话中有佛理吗？显然，"未说"和"说了"是两个不同的条件，志诚的意思是随着条件的变化，"细作"这个身份也在发生变化，其实志诚的这个说法中包含着"缘起性空"的佛理。惠能应该是很快捕捉到了这个道理，然后应机说法，希望志诚能够明白"烦恼即是菩提"的道理。如果我们用"缘起性空"来看"烦恼即是菩提"，其中道理就很好理解了：世界上没有一个东西永远叫"烦恼"，也没有一个东西永远叫"菩提"；某一刹那是"烦恼"，随着条件的变化，下一刹那有可能变成"菩提"；一念悟"烦恼"即是"菩提"，一念迷"菩提"也是"烦恼"，正如"细作"的身份一样，这就是空观。其实，这种法惠能前面曾经讲过，不过这里是志诚提出问题，惠能应机说法，是特别有意味的一个场景。

（四一）

【原文】大师谓志诚曰："吾闻汝禅师教人，唯传戒定慧，汝和尚教人戒定慧如何？当为吾说！"志诚曰："秀和尚言戒定慧：诸恶不作名为戒，诸善奉行名为慧，自净其意名为定，此即名为戒定慧。彼作如是说，不知和尚所见如何？"惠能和尚答曰："此说不可思议，惠能所见又别。"志诚问："何以别？"惠能答曰："见有迟疾。"志诚请和尚说所见戒定慧。大师言："汝听吾说，看吾所见处：心地无非是自性戒，心地无乱是自性定，心地无痴是自性慧。"大师言："汝师戒定慧，劝小根智人；吾戒定慧，劝上智人。得悟自性，亦不立戒定慧。"志诚言："请大师说，不立如何？"大师言："自性无非、无乱、无痴，念念般若观照，常离法相，有何可立？自性顿修，无有渐次，所以不立。"志诚礼拜，便不离漕溪山，即为门人，不离大师左右。

【译文】惠能大师对志诚说："我听说神秀禅师教化众生，只传授戒、定、慧'三学'，你师父怎样将戒、定、慧传授于人？和我说一说！"志诚说："神秀大师也曾讲说戒、定、慧：不去作恶就叫作'戒'，奉行善事叫作'慧'，自净心意就叫作'定'，这就是戒、定、慧。他是这样讲说戒、定、慧的，不知道您有什么见解？"惠能大师回答说："这种说法很是不可思议啊，只不过我的见解与神秀之见有区别。"志诚问："有什么区别？"惠能大师回答说："众生证悟佛法有慢有快。"志诚请惠能大师说一说他对于戒、定、慧"三学"的看法。大师说："你听我说，听一听我对于戒、定、慧的见解：心中没有怀疑和是非就是自性之戒，心地没有杂念不散乱就是自性之定，心中没有挂碍执着就是自性之慧。"惠能大师说："你师父所说的戒、定、慧，可用来劝导小根器、小智慧之人；而我所说的戒、定、慧，可用来劝导大根器、大智慧之人。如得以证悟自性，便可不立戒、定、慧。"志诚说："请大师您说一说，不立戒、定、慧是怎么样的？"大师说："自性中无一念是非、无一念散乱、无一念执着，念念照见自心自性中的菩提般若之智，那就是超脱了一切具体相状，如此又有什么可立呢？自性顿时觉悟修证，而没有渐进的次序可分，所以不立戒、定、慧。"于是志诚顶礼膜拜惠能大师，不再离开漕溪山，成为大师的门人，不离其左右。

【解说】这一节主要讲神秀与惠能对戒、定、慧的不同解释。

首先来看神秀对戒、定、慧的解释,他的解释是"诸恶不作名为戒,诸善奉行名为慧,自净其意名为定"。神秀的解释有没有问题?应该说神秀的解释还是有其意义的,但显然就如弘忍评价他的那首偈一样,只是登堂还未入室。神秀的解释显然有明确的"恶",因为明确了何为"恶"才能"诸恶不作";"善"和"净"二者道理是一样的,就像他的偈中写的"菩提树""明镜台""尘埃"一样。其次来看惠能对戒、定、慧的解释,他的解释是"心地无非是自性戒,心地无乱是自性定,心地无痴是自性慧"。如果我们去查佛学词典会发现,"无非""无乱""无痴"三者似乎与戒、定、慧挂不上钩。惠能在讲什么?惠能这里所讲和前面讲法方式是一以贯之的,他不是在讲"言下悟",而是在讲"事上行",也就是如何依佛法修"行"的问题。我们知道,"言下悟易,事上行难",知道般若智慧相关知识很容易,但要将般若智慧运用于实践去面对无数个"下一刹那"而能观实相则非常难。之所以难,是因为世人在理解佛法上常常做不到"舍筏登岸",常将方法固化为"成见",常将方法固化为"目的",抱"筏"而忘"岸"。戒、定、慧是什么?方法而已,也就是那条"筏"。"无非""无乱""无痴"是什么?正是目的所在,和"无念""无相""无住"本质一致,就是要登上的"岸"。"舍筏"才能"登岸",就是强调"法无定法",不要执着于"法"(筏)本身,而应去悟"我的般若智慧"。所以,惠能最后还强调"得悟自性,亦不立戒、定、慧",如果悟到"我的般若智慧",哪里还需要什么戒、定、慧呢?

第二节　法达转法华

（四二）

【原文】又有一僧名法达，常诵《妙法莲华经》七年，心迷不知正法之处。来至漕溪山礼拜，问大师言："弟子常诵《妙法莲华经》七年，心迷不知正法之处，经上有疑，大师智慧广大，愿为除疑？"大师言："法达！法即甚达，汝心不达！经上无疑，汝心自邪，而求正法，吾心正定即是持经。吾一生以来，不识文字，汝将《法华经》来，对吾读一遍，吾闻即知。"法达取经到，对大师读一遍，六祖闻已，即识佛意，便与法达说《法华经》。六祖言："法达！《法华经》无多语，七卷尽是譬喻因缘。如来广说三乘①，只为世人根钝。经文分明，无有余乘，唯有一佛乘。"大师言："法达！汝听一佛乘，莫求二佛乘，迷即却汝性。经中何处是一佛乘？吾与汝说，经云：'诸佛世尊唯以一大事因缘②故，出现于世。'（以上十六字是正法）此法如何解？此法如何修？汝听吾说。人心不思，本源空寂，离却邪见即一大事因缘。内外不迷，即离两边。外迷着相，内迷着空，于相离相，于空离空，即是不迷。若悟此法，一念心开，出现于世。心开何物？开佛知见。'佛'犹如'觉'也，分为四门：开觉知见，示觉知见，悟觉

---

① 三乘：指佛门大、中、小"三乘"，是成佛的三种教法。大乘即菩萨乘，中乘即缘觉乘，小乘即声闻乘，"三乘"是根据众生的性情与能力加以划分的。
② 一大事因缘：指佛陀出现于世间之唯一目的是为开显人生之真实相。

知见,入觉知见。此名开、示、悟、入①,从一处入,即觉知见,见自本性,即得出世。"大师言:"法达!吾常愿一切世人,心地常自开佛知见,莫开众生知见。世人心邪,愚迷造恶,自开众生知见;世人心正,起智慧观照,自开佛知见。莫开众生知见,开佛知见即出世。"大师言:"法达!此是《法华经》一乘法。向下分三,为迷人故。汝但依一佛乘。"大师言:"法达!心行转《法华》,不行《法华》转;心正转《法华》,心邪《法华》转;开佛知见转《法华》,开众生知见被《法华》转。"大师言:"努力依法修行,即是转经②。"法达一闻,言下大悟,涕泪悲泣,白言:"和尚!实未曾转《法华》,七年被《法华》转;以后转《法华》,念念修行佛行。"大师言:"即佛行是佛。"其时听人,无不悟者。

【译文】又有一名叫法达的僧人,时常念诵《妙法莲华经》,已有七年,内心迷惑而不知正法在何处。于是来到漕溪山礼拜惠能大师,问大师说:"弟子我时常念诵《妙法莲华经》,已有七年,内心迷惑而不知正法在何处,在经义方面存在疑惑,大师您的智慧博通广大,可愿为我解除疑惑?"惠能大师说:"法达!佛法本身甚是通达,你内心却不通达!经文中原本不存在疑惑,你是因为心存邪念,才要求取正法,我心入正定便与诵持经文等同。我一生以来,不识文字,你拿《法华经》来,对我读一遍,我听其内容便知其大意。"法达取来经书,对惠能大师诵读一遍,

---

① 开、示、悟、入:即开发、显示、证悟、证入之意。
② 转经:本意为诵读经典。

大师听完，便认识到了佛之本意，于是向法达讲说《法华经》。大师说："法达！《法华经》没有多说什么，七卷都是以譬喻手法讲说因缘。佛祖广说三乘之法，只因世人根器浅钝。经文中分明写着，没有其余佛乘，只有一佛乘。"大师说："法达！你应听取一佛乘之说，不应再去求索二佛乘，以免迷惑了你的本性。经文中什么地方体现了一佛乘之说？我来告诉你，经中说：'诸佛世尊唯以一大事因缘故，出现于世。'（以上十六字是正法）这句经文如何理解？这种方法又如何修行？你听我说。世俗之人不明白，自心如果没有万千思虑，那么它原本是空明沉寂的，帮助众生出离各种邪见执迷，这是诸佛菩萨之所以示现世间的一个重大的缘由。内不迷于心，外不迷于境，就是离两边而趋中道。迷惑于外物，就会执着于种种表相，迷惑于内心，就会执着于追求空无，只有做到认识表相而不滞于表相，领悟空无而不堕入空无，才是内外不迷。如果顿悟此法，一时间内心开悟，就懂得了诸佛菩萨示现世间的缘由。内心开悟什么？开悟佛的智慧与见解。'佛'犹如'觉'，分为四门：开启觉者的知见，显示觉者的知见，体悟觉者的知见，切入觉者的知见。这名为开、示、悟、入，从以上任何一处悟入，便可得到佛的觉悟知见，见证自己的本性，便是像佛一样出现于世。"大师说："法达！我总是希望世人们的内心时常开启佛的知见，不要开启众生的知见。世间有些人心术不正，因为内心的愚迷去制造恶业，这就是自开众生知见的表现；世间有些人心存正道，以菩提般若之智观照自心自性，这就是自开佛知见的表现。切莫开启众生知见，要开启佛的觉悟知见,一旦开启佛的知见那就是佛出现于世。"大师说:"法达!这就是《法华经》一乘佛法。之所以下面又分了三乘,是为了愚迷之人而设。你只需归依一乘佛法。"大师说:"法达!用自己的心去理解,就可以任运无碍地使用《法华经》中的智慧,只是口诵却不用心理解就被《法华经》的文字表象所兜转困扰;心怀正念便可转动《法华经》,心怀邪见便为《法华经》所转;开启佛的知见就是在转《法华经》,开启众生的知见就是被《法华经》所转。"大师又说:"努力依照佛法修行,就是转经。"法达听了这番话便有所领悟,悲哀哭泣,涕泗横流,说:"大师!我过去着实未曾转《法华经》,七年都为《法华经》所转;以后定念念修行佛行,达到转《法华经》的境界。"惠能大师说:"能做到佛的行为才是佛。"当时听到这番话的人,没有不领悟的。

【解说】这一节讲法达向惠能请教《法华经》的故事。本节比较长,也是师徒互动部分非常重要的一节,这里面有许多细节所呈现的问题很值得我们思考。首先来看法达问经。法达读《法华经》七年,敦煌本没有说到底读了多少遍,但是宗宝本上有记载,说共读了三千遍。从这一细节我们可以看到法达身上有这样三个特点:第一,读《法华》七年而不自傲,怎么说呢?一本书读了七年三千遍,世人常会生起"没人比我更了解这本书"的傲气,但法达没有。第二,读七年依然心迷而不自卑,世人若读三千遍依然心迷,常会生自卑感而怀疑自己能力差,但法达能大方承认心迷,且质疑的是经上有问题。第三,读三千遍的法达愿意请教未读一遍的惠能,说明法达很少成见,并不认为读得多者就一定比读得少者理解更透。法达的这些特点引申出的问题很值得我们思考。其次来看惠能回答。惠能未读一遍《法华经》而敢指点读了七年的法达，从这一细节我们也可以看到惠能理解佛法的几个特点：第一，作为禅宗六祖的惠能竟未读过"百经之王"《法华经》，不可思议！不过从惠能之前讲法内容可知，一切佛经皆为修行之方法，适合"我"的才是"我的佛经"，所以没有哪一部佛经非读不可，这即是"法无定法"，这即是空观。第二，法达读三千遍仍迷而惠能听一遍即识佛意，并将其核心要义概括为"开佛知见"（即悟般若智慧）四字，其余数万字不过譬喻因缘罢了。惠能的读经能力不可思议，应了那句"外能善分别诸法相，内于第一义而不动"。第三，惠能指出法达读经的问题是七年被《法华》转，并提醒他"心正转《法华》，心邪《法华》转"，这句话是本节最重要的一句话。所谓《法华》转，就是将《法华》作为固化的方法来学习和运用，而"转《法华》"则是以空观来看待《法华》的方法。从这几个特点可以看到，惠能的回答依然是在引导法达去正确理解佛法。

（四三）

【原文】时有一僧名智常，来漕溪山，礼拜和尚，问四乘法义。智常问和尚曰："佛说三乘，又言最上乘，弟子不解，望为教示。"惠能大师曰："汝自身心见，莫着外法相，原无四乘法。人心量四等，法有四乘。见闻读诵是小乘，悟法解义是中乘，依法修行是大乘。万法尽通，万行俱备，一切不离，但离法相，作无所得，是最上乘，最上乘是最上行义，不在口诤，汝须自修，莫问吾也。"

【译文】当时有一名叫智常的僧人，来到漕溪山，礼拜惠能大师，询问他什么是"四乘法义"。智常问大师说："佛说有三乘法义，又说有最上乘法义，我不理解这种说法，希望您能指点一二。"惠能大师说："你应用自身自心去领悟，不应执着于外在的这些名相，原本没有四乘法一说。只因人们的心量有四等，所以才对应设置了'四乘法义'。目见耳听读诵佛经是小乘，理解领悟佛法是中乘，依照佛法修行是大乘。通达万法，具备万行，一切不离中道，出离外在法相，无一法可得，就修得了最上乘佛法，最上乘佛法是最上乘修行的意思，与口舌争辩无关，你必须自修自悟，不要问我其中奥义。"

【解说】这一节讲智常求教"四乘法义"问题。佛说"三乘"，即指声闻乘、缘觉乘、菩萨乘三种不同的觉悟方式。佛说"最上乘"又指什么呢？智常觉得比较迷惑。智常的问题出在哪里？惠能随即指出他的问题出在"着外法相"而不知"自身心见"。通俗地讲，就是智常将佛法固化为了"成见"，而没有明白佛法只不过是觉悟的工具和手段，悟到"我的般若智慧"才是关键。"法无定法"，能让世人悟到"我的般若智慧"的法，就是"我的正法"，就是"最上乘法"。所以，佛法何止"三乘"，也没有一种法一直叫"最上乘法"。最后惠能再次强调，世人觉悟"我的般若智慧"，须靠自修自悟，而不在口诤。

（四四）

【原文】又有一僧名神会，襄阳人也。至漕溪山礼拜，问言："和尚坐禅，见亦不见？"大师起，把打神会三下，却问神会："吾打汝，痛不痛？"神会答言："亦痛亦不痛。"六祖言曰："吾亦见亦不见。"神会又问："大师何以亦见亦不见？"大师言："吾亦见，常见自过患，故云亦见。亦不见者，不见他人过罪，所以亦见亦不见也。汝亦痛亦不痛如何？"神会答曰："若不痛，即同无情木石；若痛，即同凡夫，即起于恨。"大师言："神会！向前！见不见是两边，痛不痛是生灭。汝自性且不见，敢来弄人？"神会礼拜，再礼拜，更不言。大师言："汝心迷不见，问善知识觅路；汝心悟自见，依法修行。汝自迷不见自心，却来问惠能见否？吾不自知，代汝迷不得；汝若自见，代得吾迷？何不自修，问吾见否？"神会作礼，便为门人，不离漕溪山中，常在左右。

【译文】又有一名叫神会的僧人，是襄阳人。到漕溪山礼拜惠能大师，问道："大师您坐禅时，见还是不见？"大师起身，打了神会三下，问神会："我打你，痛还是不痛？"神会回答说："也痛也不痛。"六祖说："我也见也不见。"神会又问："大师为什么说也见也不见？"大师说："说也见，是因为我时常认识到自身有不足之处，所以说也见。说也不见，是不见他人的过错罪责，所以我说亦见亦不见。你说的也痛也不痛是什么意思？"神会回答说："如果说不痛，那么我便与无情的草木石块相同；如果说痛，那么我便与凡夫俗子相同，因为感到疼痛而生起了嗔恨之心。"

大师说:"神会!上前来!执着于见还是不见便落于两边,执着于痛还是不痛便落于生灭法。你尚且未见自性,还敢来捉弄别人?"神会两次礼拜惠能大师后便不再讲话。大师说:"你的心迷误了,不见自性,才会向善友良师寻觅正确的道路;要是你内心开悟了,自己就明心见性,自然会依照佛法修行。你心中迷误不见自性,怎么反来问我能否识见自心自性呢?我见到自性自己心知肚明,却不能代替你消除迷误;你如果自己明心见性,又怎能够代替我消除迷误呢?为什么不自修佛法,反而向我询问能否识见自心自性呢?"神会向惠能大师行礼,并成为其门人,不离开漕溪山,常伴大师左右。

【解说】这一节讲神会问惠能"见亦不见"的故事。这个故事的重点是怎么理解惠能"见亦不见"和神会"痛亦不痛"这两种说法。从表面看非常相似,不过惠能和神会两人各自做了解释,两人的解释是不一样的,最后惠能批评神会"心迷不见"。那么,惠能与神会的解释区别到底在哪里呢?首先来看惠能的解释,惠能说"亦见"指"常见自过患","亦不见"指"不见他人过罪",其实无论是"自过患"还是"他人过罪",就是"对""错"的问题。那么,关于"对""错"是可见还是不可见呢?从空观的角度来看,标准的回答就是"亦见亦不见",不能落于一边。"亦见"是指在某一刹那的因缘中,"对"或"错"是确定的;"亦不见"是指在无数个下一刹那的因缘中,"对"或"错"是不确定的。所以,没有什么东西永远叫"对",也没有什么东西永远叫"错"。其次来看神会的解释,神会说"若不痛,即同无情木石；若痛，即同凡夫"，神会在做什么？他是在用"痛"和"不痛"对事物做区分：有痛为有情，无痛为无情；有痛为凡夫，无痛为觉者。神会对事物的理解明显是固化的，是有分别心的。因此，惠能说"痛不痛是生灭"。所谓"生灭"就是对万物本然发展过程形成的分别心，将某个过程称为"生"，将某个过程称为"灭"，而一量固化便会在生与灭上形成喜怒哀乐等无数妄念烦恼。惠能最后又再次强调，要依法自修，心悟自见。

第三节　惠能说法对

（四五）

【原文】大师遂唤门人法海、志诚、法达、智常、智通、志彻、志道、法珍、法如、神会。大师言："汝等十弟子近前，汝等不同余人，吾灭度①后，汝等各为一方师。吾教汝等说法，不失本宗。举三科法门，动用三十六对，出没即离②两边，说一切法，莫离于性相。若有人问法，出语尽双，皆取法对，来去相因，究竟二法尽除，更无去处。三科法门者，荫、界、入。荫，是五荫；界，是十八界；入，是十二入。何名五荫？色荫、受荫、想荫、

---

① 灭度：僧人去世的说法之一。僧人死后自归寂灭而不再度人，故称"灭度"。
② 即离：事理不二称为"即"，事理差别称为"离"。

行荫、识荫是。何名十八界？六尘、六门、六识。何名十二入？外六尘，中六门。何名六尘？色、声、香、味、触、法是。何名六门？眼、耳、鼻、舌、身、意是。法性起六识——眼识、耳识、鼻识、舌识、身识、意识，六门，六尘。自性含万法，名为含藏识。思量即转识[①]，生六识，出六门、六尘，是三六十八。由自性邪，起十八邪；若自性正，起十八正。恶用即众生，善用即佛。用由何等？由自性。"

【译文】 惠能大师于是召唤门人法海、志诚、法达、智常、智通、志彻、志道、法珍、法如、神会。大师说："你们十人上前来，你们与其他人不同，我离世后，你们各自于一方讲法。我告诉你们如何讲法才能不失本宗宗义。灵活运用三科法门与三十六对，讲两边时做到时隐时现、若即若离，讲任何法都不要离开体性与相状。如果有人询问佛法大义，成双成对地举例论说，说明事物的来去因缘，最终去掉两边相对的概念，再无什么可执着求取的。三科法门指阴、界、入。阴，就是五阴；界，就是十八界；入，就是十二入。什么叫作'五阴'？色阴、受阴、想阴、行阴、识阴统称'五阴'。什么叫作'十八界'？六尘、六门、六识统称'十八界'。什么叫作'十二入'？外有六尘，中有六门，统称'十二入'。什么叫作'六尘'？色、声、香、味、触、法就是'六尘'。什么叫作'六门'？眼、耳、鼻、舌、身、意就是

---

① 转识：因为执着心、分别心，使得清净自性转换为眼、耳、鼻、舌、身、意等六识活动。

'六门'。眼、耳、鼻、舌、身、意'六门'对外接触色、声、香、味、触、法'六尘',就会在法性之上生起'六识'——眼识、耳识、鼻识、舌识、身识、意识。自性中包含万法,因此名叫'含藏识'。一旦有了分别心去思量就转而生出六识,六识在六门接触到六尘之后,这样就有了三六十八界。自性邪便生十八邪,自性正便生十八正。恶用自性就是众生,善用自性即是佛陀。因此一切源于自性在起作用。"

(四六)

【原文】外境无情对有五:天与地对,日与月对,暗与明对,阴与阳对,水与火对。语言法相对有十二对:有为无为对,有色无色对,有相无相对,有漏[①]无漏对,色与空对,动与静对,清与浊对,凡与圣对,僧与俗对,老与少对,长与短对,高与下对。自性起用对有十九对:邪与正对,痴与慧对,愚与智对,乱与定对,戒与非对,直与曲对,实与虚对,崄与平对,烦恼与菩提对,慈与害对,喜与嗔对,舍与悭对,进与退对,生与灭对,常与无常对,法身与色身对,化身与报身对,体与用对,性与相对。语言与法相对有十二对,外境无情对有五对,自性起用对有十九对,都合成三十六对也。此三十六对法,解用通一切经,出入即离两边。如何自性起用三十六对共人言语?出外,于相离

[①] 漏:流注漏泄之意,烦恼之异称。烦恼灭尽即称为"漏尽"。

相；入内，于空离空。着空，则惟长无明；着相，则惟长邪见。谤法，直言不用文字。既云不用文字，人不合言语，言语即是文字。自性上说空，正语言本性不空，迷自惑，语言除故。暗不自暗，以明故暗；暗不自暗，以明变暗。以暗现明，来去相因，三十六对，亦复如是。

【译文】没有情感觉知的外境之对有五对：天与地对，日与月对，暗与明对，阴与阳对，水与火对。表现为语言概念的法相之对有十二对：有为与无为对，有色与无色对，有相与无相对，有漏与无漏对，色与空对，动与静对，清与浊对，凡与圣对，僧与俗对，老与少对，长与短对，高与下对。表示自性起作用的对子有十九对：邪与正对，痴与慧对，愚与智对，乱与定对，戒与非对，直与曲对，实与虚对，险与平对，烦恼与菩提对，慈与害对，喜与嗔对，舍与悭对，进与退对，生与灭对，常与无常对，法身与色身对，化身与报身对，体与用对，性与相对。表现为语言概念的法相之对有十二对，没有情感觉知的外境之对有五对，表示自性起作用的对子有十九对，总共合成为三十六对。这三十六对法，可用来解释贯通一切佛经，出入一切佛理而不落于两边。怎样从自性出发去运用三十六对向众人言说佛法？身处外在诸法相中而不产生执念，内心常存性空之念而不执着于空。如果执着于空，那么只能使自身长陷业障而难见佛法之明；如果执着于相，那么只能增长邪见。有的人着空着相，因此歪曲佛法，直接说佛法而不使用文字。但是说完全不使用文字可能吗？那么人们也不应该有言语，因为言语也是文字的一种表现形式。

能够通过言语去解说自性本空，正是因为语言本性不空的缘故；自己的迷误疑惑，可以通过语言来消除。暗本身并不暗，因为明才反衬出暗；暗本身并不暗，因明之故暗才变暗。以暗显出明，两端之间相互感应联系，三十六对的道理也是这样。

【解说】以上两节都在讲三十六对法的问题，所以合并解说。三十六对法是惠能总结的一种讲法方法，就是先"出语尽双"，按两两相对的概念来讲，然后"来去相因，究竟二法尽除"，讲清楚两两概念之间的关系并超越之。简言之，就是从相对说起，最后要超越相对。其实，这种方法的实质就是要消除"分别心"，以空观来观事物的本然真相。那么，惠能为什么教弟子讲法方法要特别强调从"分别心"说起呢？这恰恰说明"分别心"所形成的"成见"已经深入到芸芸众生的生活之中，世人已太习惯用这样一种方式来思考和观察世间的万事万物。所以，惠能教导他的弟子们从世人熟悉的两两相对的概念开始讲起，从而引导他们去理解超越相对、超越分别心的意义，以最终悟到超越执着的境界。

第十章
付嘱传承

本章继续导读惠能与弟子互动部分的第四十七至五十七节，这是《坛经》的最后一部分。这部分内容主要记载了惠能临终前为弟子破疑、向弟子付法以及后续传承情况。本章叙事内容将不做过多解说，重点还是放在佛法解说上。

第一节 破　疑

（四七）

【原文】大师言："十弟子！以后传法，递相教授一卷《坛经》，不失本宗。不禀受《坛经》，非我宗旨。如今得了，递代流行。得遇《坛经》者，如见吾亲授。"十僧得教授已，写为《坛经》，递代流行，得者必当见性。

【译文】惠能大师说："十位弟子！你们今后传法，相续教授众人这一卷《坛经》，不可失去本宗宗义。没有秉受《坛经》义理的说法，并非我宗宗旨。如今你们已领悟《坛经》宗旨，定要使其一代代流行于世。得见《坛经》之人，如同得见我亲自讲授佛法。"十位僧人聆听惠能大师的教诲后，写成了这部《坛经》，使其一代代流行于世，得见《坛经》之人必能见自本性。

（四八）

【原文】大师先天二年八月三日灭度。七月八日，唤门人告别。大师先天元年于新州国恩寺造塔，至先天二年七月告别。大师言："汝众近前，吾至八月，欲离世间，汝等有疑早问，为汝破疑，当令迷者尽悟，使汝安乐。吾若去后，无人教汝。"法海等众僧闻已，涕泪悲泣。唯有神会不动，亦不悲泣。六祖言："神会小僧，却得善不善等，毁誉不动。余者不得，数年山中，更修何道？汝今悲泣，更忧阿谁？忧吾不知去处在？若不知去处，终不别汝。汝等悲泣，不知吾去处；若知去处，即不悲泣。性体无生无灭，无去无来。汝等尽坐，吾与汝一偈——《真假动静偈》，汝等尽诵取，见此偈意，与吾意同。依此修行，不失宗旨。"僧众礼拜，请大师留偈，敬心受持。偈曰：

　　一切无有真，不以见于真。若见于真者，是见尽非真。
　　若能自有真，离假即心真。自心不离假，无真何处真？
　　有情即解动，无情即无动。若修不动行，同无情不动。
　　若见真不动，动上有不动。不动是不动，无情无佛种。
　　能善分别相，第一义不动。若悟作此见，则是真如用。

报诸学道者，努力须用意。莫于大乘门，却执生死智。
　　前头人相应，即共论佛义。若实不相应，合掌礼劝善。
　　此教本无诤，若诤失道意。执迷诤法门，自性入生死。

【译文】惠能大师于先天二年八月三日灭度。七月八日，他召唤门人告别。大师先天元年在新州国恩寺建塔，到先天二年七月召唤门人告别。大师说："你们众人上前来，到了八月，我将离开人世，你们如有疑惑便尽早向我询问，我为你们破除疑惑，使愚迷之人都能醒悟，使你们安心喜乐。我若离世后，就没人教你们这些了。"法海等僧人听完惠能大师的一番话，悲伤得涕泗横流。只有神会无动于衷，也不悲伤哭泣。六祖惠能说："神会小僧，他到达了将善与不善等量齐观的境界，无论诋毁赞誉皆不动于心。其余人不得佛道，在山中修道数年，修了什么道呢？如今你们悲伤流泪，是在为谁忧虑呢？忧虑我不知去处何在？如果我不知自己去处何在，便不会预先与你们告别。你们大家悲伤落泪，不知我去处何在；如果你们知道，便不会悲伤哭泣。世间万物本性本体无生无灭，无去无来。你们都坐下，我赠予你们一偈——《真假动静偈》，你们都来听取吟诵，这首佛偈的含义，与我所说之法的意义相同。依照此偈修行，不失本宗宗旨。"众僧人礼拜惠能大师，请大师留偈，以恭敬之心受持此偈。偈中说：

　　一切都非恒常存在而是假合而成，不要以为眼见之相就是真实不变。

　　如果把眼见之相都看成永恒实在，这种对事物的理解是完全错误的。

如果能够用自性去体认真如实相，远离种种假合相状就是自心如实。

自心不能放开对种种相状的执着，心尚且不真那么哪里还会有真呢？

有情众生有着种种情感反应觉知，无情的草木石头才没有反应觉知。

如果去修习像无情那样的不动行，就会和草木石头等无情没有区别。

如果自心自性证悟真正的不动法，应当明白不动是动基础上的不动。

如果不动仅仅是绝对顽固的不动，等同于没有自性没有佛种的无情。

向外能够善于认识和分别诸种相，向内又能够坚守第一义绝不动摇。

如果自心领悟并保持这样的见解，那才是自性中的真如佛性起作用。

诸位学习佛道的善知识应当知道，努力修行必须用自己的心去体会。

不要在修习大乘法门的过程当中，却还没有全然破除对生死的执着。

倘遇到彼此的思想相互契合的人，便应共同去学习探讨佛法的真义。

如果彼此的思想实在不能够相应,合掌有礼有节地奉劝他向善便可。

这一顿教法门本没有任何的争讼,争论高下是背离法门旨义的行为。

怀着执着迷误的心争论法门高下,自性依然在生死苦海中轮转不休。

【解说】这一部分有两点值得关注。第一是神会的"不悲泣"。惠能对其他弟子的"涕泪悲泣"进行了批评,而对神会的"不悲泣"提出了表扬,两者差别在哪里?惠能指出:神会的表现说明他悟到了"善不善等",也就是没有了"善""恶"之"分别心";懂得了"性体无生无灭,无去无来",也就是懂得了超越"生灭""来去"之"分别心"。这确实是佛教修行中非常重要的一种境界。第二是《真假动静偈》中讲"不动"。"不动"这个词让我们马上想到"内于第一义而不动"这句话,什么是"不动"呢?惠能在此指出,"若见真不动,动上有不动。不动是不动,无情无佛种"。显然,"不动"不是真的不动,否则就和无情之物一样了。真正的"不动"是动上有不动,亦动亦不动,这是符合空观的"不动"。因此,并没有一个永恒不变的"第一义","第一义"也是亦动亦不动的。

(四九)

【原文】众僧既闻,识大师意,更不敢诤,依法修行。一时礼拜,即知大师不久住世。上座法海向前言:"大师!大师去后,衣法当付何人？"大师言："法即付了，汝不须问。吾灭后二十余年，邪法撩乱，惑我宗旨。有人出来，不惜身命，定佛教是非，竖立宗旨，即是吾正法。衣不合传，汝不信，吾与诵先代《五祖传衣付法颂》。若据第一祖达摩颂意，即不合传衣。听吾与汝诵。"颂曰：

第一祖达摩和尚颂曰：

吾本来东土，传教救迷情。一花开五叶，结果自然成。

第二祖慧可和尚颂曰：

本来缘有地，从地种花生。当本元无地，花从何处生？

第三祖僧璨和尚颂曰：

花种须因地，地上种花生。花种无生性，于地亦无生。

第四祖道信和尚颂曰：

花种有生性，因地种花生。先缘不和合，一切尽无生。

第五祖弘忍和尚颂曰：

有情来下种，无情花即生。无情又无种，心地亦无生。

第六祖惠能和尚颂曰：

心地含情种，法雨即花生。自悟花情种，菩提果自成。

【译文】僧人们听完便了解了惠能大师的意思，更不敢再执着争辩，并依照佛法勤于修行。一时间众人相继礼拜大师，知晓其不久于世。法海上座走上前说："大师！大师您灭度后，当将衣法交付于谁？"惠能大师说："衣法已然交付了，你无须多问。我灭度后二十余年，邪门外道将会撩乱本宗正法，混淆本宗宗旨。那时会有人站出来，不惜身家性命，裁定佛教是非曲直,树立本宗宗旨,即是我说的这些本宗正法。本宗不再传衣法,你若不信,我给你诵读先代的《五祖传衣付法颂》。根据初祖达摩颂歌的大意,就知道不可传衣了。听我给你诵读。"颂中说:

第一祖达摩和尚颂曰:
我来到东土大唐国的本意,是为了传授佛法救度众生。
一朵花开放出了五片叶子,菩提的道果自然就能结成。
第二祖慧可和尚颂曰:
就像大地一样人本有心地,菩提种子种在心地中开花。
如果本没有这片土地的话,那么花从何处开放出来呢?
第三祖僧璨和尚颂曰:
种花需要依靠心地来生长,只有在心地中种花才能开。
花种是死种譬犹没有佛性,无论什么土地都无法生长。
第四祖道信和尚颂曰:
花种和佛种要具有生命力,种需在心地中种下花才开。
还需要各种因缘条件作用,不合因缘则种子不会开花。
第五祖弘忍和尚颂曰:
有情众生决意修自性种子,因缘合时如植物自然开花。
不具灵明自性又不去修行,不可能生出智慧解脱成佛。
第六祖惠能和尚颂曰:
人的心是含藏一切的种子,得佛法的润泽有机会开花。
发明自性中能开花的种子,自己去成就菩提智慧佛果。

（五〇）

【原文】能大师言："汝等听吾作二颂，取达摩和尚颂意。汝迷人依此颂修行，必当见性。"

第一颂曰：

心地邪花放，五叶逐根随。共造无明业，见被业风吹。

第二颂曰：

心地正花放，五叶逐根随。共修般若慧，当来佛菩提。

六祖说偈已了，放众僧散。门人出外思惟，即知大师不久住世。

【译文】惠能大师说："你们听一听我创作的两首偈颂，这两首颂的大意取自达摩大师的偈颂。你们中误入迷途之人依照此颂修行佛法，必能见自本性。"

第一首偈颂说：

心地如果开邪花，衬托此花的绿叶也随之而邪。此花、此叶共造无明之业，内心的见识就被这无明之风吹遍。

第二首偈颂说：

心地如果开正花，衬托此花的绿叶也随之而正。此花、此叶共修般若智慧，将来也就一定能够成佛。

六祖说完偈后，让僧人们都解散了。门人们出外思考惠能大师作的偈语，心知大师将不久于世。

【解说】这一部分讲到传衣的问题。我们重点解说一下达摩的传衣颂："吾本来东土，传教救迷情。一花开五叶，结果自然成。"首先,达摩说来东土是为救迷情,相当于是引导世人开佛知见;其次,他强调修行结果应该像花开五叶一样自然而成。显然,修行须依"法"而不是依"衣",所以惠能强调"衣不合传"是有道理的。如果人们都去争"衣"而忘了真正的"法",就是本末倒置了。所以,惠能取达摩颂意又作两首颂,再次强调应自修自悟自性。

第二节 付　法

(五一)

【原文】六祖后至八月三日食后,大师言:"汝等着位坐,吾今共汝等别!"法海问言:"此顿教法传授,从上以来至今几代?"六祖言:"初,传授七佛[①],释迦牟尼佛第七,大迦叶第八,阿难第九,末田地第十,商那和修第十一,优婆鞠多第十二,提多迦第十三,佛陀难提第十四,佛陀蜜多第十五,比丘第十六,富那奢第十七,马鸣第十八,毗罗长者第十九,龙树第二十,迦那提婆第二十一,罗睺罗第二十二,僧迦那提第二十三,僧迦耶舍第二十四,鸠摩罗驮第二十五,阇耶多第二十六,婆修盘多第二十

---

① 七佛:又称"过去七佛",指释迦佛及其出世前所出现之佛,共有七位,即毗婆尸佛、尸弃佛、毗舍浮佛、拘留孙佛、拘那含牟尼佛、迦叶佛与释迦牟尼佛。

七，摩拏罗第二十八，鹤勒那第二十九，师子比丘第三十，舍那婆斯第三十一，优婆崛第三十二，僧迦罗第三十三，须婆蜜多第三十四，南天竺国王子第三子菩提达摩第三十五，唐国僧慧可第三十六，僧璨第三十七，道信第三十八，弘忍第三十九，惠能自身当今受法第四十。"大师言："今日以后，递相传授，须有依约，莫失宗旨。"

【译文】八月三日用斋过后，六祖惠能对众人说："大家坐好，我现在向大家道别！"法海问："这顿教法门，从初代以来至今传授了几代？"六祖说："首先是过去劫的过去七佛，接着是第七代释迦牟尼佛，第八代大迦叶，第九代阿难，第十代末田地，第十一代商那和修，第十二代优婆鞠多，第十三代提多迦，第十四代佛陀难提，第十五代佛陀蜜多，第十六代比丘，第十七代富那奢，第十八代马鸣，第十九代毗罗长者，第二十代龙树，第二十一代迦那提婆，第二十二代罗睺罗，第二十三代僧迦那提，第二十四代僧伽耶舍，第二十五代鸠摩罗驮，第二十六代阇耶多，第二十七代婆修盘多，第二十八代摩拏罗，第二十九代鹤勒那，第三十代师子比丘，第三十一代舍那婆斯，第三十二代优婆崛，第三十三代僧迦罗，第三十四代须婆蜜多，第三十五代南天竺国王第三子菩提达摩，第三十六代唐国僧慧可，第三十七代僧璨，第三十八代道信，第三十九代弘忍，第四十代我惠能当今传授佛法。"大师说："从今以后，你们递相传授佛法时，必须有所依照与约束，不可失去本宗宗旨。"

（五二）

【原文】法海又白："大师今去，留付何法，令后代人如何见佛？"六祖言："汝听！后代迷人，但识众生，即能见佛；若不识众生，觅佛万劫不可得见也。吾今教汝识众生见佛，更留《见真佛解脱颂》，迷即不见佛，悟者即见。"法海愿闻，代代流传，世世不绝。六祖言："汝听！吾与汝说。后代世人，若欲觅佛，但识众生，即能识佛，即缘佛心有众生，离众生无佛心。"

迷即佛众生，悟即众生佛。

愚痴佛众生，智慧众生佛。

心崄佛众生，平等众生佛。

一生心若崄，佛在众生中。

一念悟若平，即众生自佛。

我心自有佛，自佛是真佛。

自若无佛心，向何处求佛？

【译文】法海又说："大师如今将要离世，有衣法留下并交付给我们吗？"六祖说："你听我说！后代愚迷之人，只要能够懂得什么是众生，就能见到佛陀；如果不能懂得什么是众生，寻觅佛陀万劫之久也不可得见。我现在教你通过识众生见佛陀的方法，再留下《见真佛解脱颂》，自心迷误便不能见佛，自心觉悟便得以见佛。"法海表示愿闻其详，使顿教法门代代流传，世世不绝。六祖说："你们听我说！后代世人，若想寻觅佛陀，只需识见众生，便能识见佛陀，因为众生在佛陀心中，脱离众生便无佛心可言。

自心迷误时佛是众生，自心觉悟时众生是佛。
愚痴无明时佛是众生，发明智慧时众生是佛。
内心险恶时佛是众生，内心平等时众生是佛。
心中若生起一念不正，佛就泯然消失于众生。
心中若一念觉悟平等，众生就成为自己的佛。
我们自心中本就有佛，自心的佛性才是真佛。
自己若没有真如佛性，上哪儿去寻觅真佛呢？

（五三）

【原文】大师言："汝等门人好住！吾留一颂，名《自性见真佛解脱颂》。后代迷人，闻此颂意，即见自心自性真佛。与汝此颂，吾共汝别。"颂曰：

真如净性是真佛，邪见三毒是真魔。邪见之人魔在舍，正见之人佛在堂。

性中邪见三毒生，即是魔王来住舍。正见忽除三毒心，魔变成佛真无假。

化身报身及法身，三身原本是一身。若向性中觅自见，即是成佛菩提因。

本从化身生净性，净性常在化身中。性使化身行正道，当来圆满真无穷。

淫性本是净性因，除淫即无净性身。性中但自离五欲[①]，见

[①] 五欲：有两种说法，一是指染着色、声、香、味、触等五境所起之五种情欲，二是指财欲、色欲、饮食欲、名欲、睡眠欲。

性刹那即是真。

今生若悟顿教门，悟即眼前见世尊。若欲修行求觅佛，不知何处欲觅真。

若能心中自有真，有真即是成佛因。自不求真外觅佛，去觅总是大痴人。

顿教法者是西流，救度世人须自修。今报世间学道者，不依此见大悠悠。

大师说偈已了，遂告门人曰："汝等好住，今共汝别，吾去以后，莫作世情悲泣，而受人吊问钱帛，着孝衣，即非圣法，非我弟子。如吾在日一种，一时端坐，但无动无静，无生无灭，无去无来，无是无非，无住，坦然寂静，即是大道。吾去以后，但依法修行，共吾在日一种；吾若在世，汝违教法，吾住无益。"大师云此语已，夜至三更，奄然迁化。大师春秋七十有六。

【译文】惠能大师说："门人们，你们多多保重！我留下一首偈颂，名为《自性见真佛解脱颂》。后代心迷之人，听闻此颂大意，便可识见自心自性中的真如佛性。我将此颂传授给你们，与你们道别。"颂中说：

清净平等的真如自性是真佛，邪见以及贪嗔痴三毒是真魔。
有邪念的人像魔鬼住在心宅，起正见的人像佛陀安坐堂舍。
自性中生出邪见以及贪嗔痴，好比魔王来了住在心宅之中。
起正见当下就能去除三毒心，魔王也转变成真实不虚的佛。
化身报身以及法身这三种身，原本都是出自自身这一个身。
如果去向自性中寻找这三身，这就是修成佛法菩提的前提。

从化身中孕育出清净的法身，清净法身又常通过化身显现。
清净法身使得化身施行正道，将来证得功德无穷圆满报身。
邪恶淫欲是清净自性的前因，一旦除去邪淫便得清净本性。
只要自性自己出离各种淫欲，见清净本性的一刻就是真如。
今生如果能够悟入顿教法门，悟到自性时眼前就出现佛陀。
如果想要向外修行寻找佛陀，不知道哪里才能找到那个真。
能知道自心中自然存在真佛，自性的真如佛性是成佛前提。
不向自身求真反去向外求佛，向外寻觅的人都是愚迷之人。
顿教法门是从西方流传而来，欲救渡世人必须自己先修行。
如今告诉这世间的学道之人，不悟此见解无异于虚度岁月。

惠能大师说完偈，便告诉门人说："你们多多保重，现在我向你们道别，我离世后，切莫像俗世之人那样悲伤哭泣，进而接受他人吊唁，收取他人钱帛，穿着守孝衣物，这些行为与圣法不符，不是我的弟子们应该做的。你们应像我在世时所做的那样，时刻都像端坐修行那样，心中不起动静、生灭、去来、是非的差别之念，不对任何外境生起执着，坦然而寂静，这就是佛之大道的体现。我离世后，你们应依照佛法修行，像我在世时一样；如果违背了佛法教义，即使我还在世，那也于你们没有什么益处。"大师说完这番话，已是夜半三更，便安然圆寂。时年七十六岁。

【解说】这一部分主要讲了惠能临终付法，这里我们将重点探讨其中的几个问题。首先，为什么说"但识众生，即能识佛"？我们依然可以用空观智慧来思考这个问题。我们知道，没有什么人一直叫"众生",也没有什么人一直叫"佛"。"众生"代表的是一种迷的状态,一念迷即众生,一念悟即佛;若再迷还是众生,再悟又成佛,正所谓"迷即佛众生,悟即众生佛"。所谓"识众生"代表自己知道自己是迷人,知道自己在执着,超越执着就容易得多,最令人担心的是执着而不自知。所以,无不变之佛,亦无不变之众生。因此,觉悟成佛其实是个过程,这就是空观。其次,为什么说"淫性本是净性因,除淫即无净性身"?这里我们从三十六对法的角度来理解。"淫性""净性"正是相对的两个概念,"除淫即无净"正是在强调超越"两边"之分别,以达到"无住"的境界。

第三节 禀　承

(五四)

【原文】大师灭度之日,寺内异香氛氲,经数日不散。山崩地动,林木变白,日月无光,风云失色。八月三日灭度,至十一月迎和尚神座于漕溪山,葬在龙龛之内,白光出现,直上冲天,三日始散。韶州刺史韦据立碑,至今供养。

【译文】惠能大师灭度那天,寺内异香氛氲,经数日不散。且山崩地动,林木变白,日月无光,风云失色。大师八月三日灭度,到十一月在漕溪山恭迎大师神座,葬于龙龛内,顿时白光出现，冲天直上，经过三天才消散。韶州刺史韦据为大师立碑，供养至今。

(五五)

【原文】此《坛经》，法海上座集。上座无常，付同学道际。道际无常，付门人悟真。悟真在岭南漕溪山法兴寺，现今传授此法。

【译文】这部《坛经》是由法海上座集录而成。上座离世前夕，将其交付于同学道际。道际离世前夕，将其交付于门人悟真。悟真现今在岭南漕溪山法兴寺传授此法。

(五六)

【原文】如付此法，须得上根智，深信佛法，立于大悲，持此经，以为禀承，于今不绝。

【译文】必须将此法交付于上等根器智慧之人，此人定要对佛法深信不疑，拥有大慈大悲之心，能诵持此经，秉承顿教法门而终生不渝。

(五七)

【原文】和尚本是韶州曲江县人也。如来入涅盘，法教流东土，共传无住心，即我心无住。此真菩萨说，真实亦譬喻，唯教大智人，无住是旨依。凡发誓修行，修行遭难不退，遇苦能忍，福德深厚，方授此法。如根性不堪，裁量不得，虽求此法，建立不得者，不得妄付《坛经》。告诸同道者，令知密意。

【译文】 惠能大师原本是韶州曲江县人。如来佛祖涅槃后，教法流传至东土大唐，历代僧人共同将无住教法传达于世，无住教法强调"我心无住"。这是菩萨的真实说法，通过善巧方便的譬喻说法讲说真实不虚的道理，应将此法教授于大智慧之人，使其明白无住是其根本宗旨所在。凡是发大誓愿修行此法之人，在修行过程中遭遇困难也不应退却，只有能忍苦痛，福德深厚的人，才能传授此法给他。如果遇到根性浅薄、心量不足之人，他们虽然求取这个法门，但不能修成，不能将《坛经》交付给这样的人。告知诸位同道人，让他们都知道其中深意。

【解说】 这一部分叙述了惠能一派的传承情况。这是《坛经》的最后一部分，这部分有一句话尤应记住，即"共传无住心"。所谓"无住心"，即"应无所住而生其心"的般若智慧；所谓"共传"，是强调佛陀与惠能传的是同一方向的法。正如前面所讲，禅宗这一派别虽然产生于中土，但是禅宗所传佛法的根本精神与佛陀时代佛法的根本精神是完全一致的。最后，还特别强调"佛度有缘人"，这里的"缘"可理解为"缘起性空"。依空观来看则"法无定法"，所以《坛经》之法不一定适合所有人，其能度者乃适合此法的人，此即为"有缘人"。

结　语

敦煌本《坛经》导引的全部内容已结束，下面将对导引过程中不断强调的"般若智慧"做一个总结，大致可以概括为以下五个关键词，供大家参考。

第一个关键词是"自悟"。惠能讲法开篇所说的"菩提般若之智，世人本自有之"这句话尤为重要，它是《坛经》的核心要义。这句话是在告诉世人，每个人都有般若智慧，但是每个人的般若智慧是不一样的。所以，惠能这里强调的是每个人都要去悟自己的般若智慧。所谓"明心见性"，不是说大家一起去"明"同一个"心"，去"见"一样的"性"，而是每一个人去"明"自己的"心"，去"见"自己的"性"，去"悟"自己的"法"，去找自己的觉悟道路。所以惠能讲法从头到尾不停地强调"自悟"，原因就在这里。这是惠能讲法的一个很独特的视角。

第二个关键词是"无住"。"无念""无相""无住"三者中的核心就是"无住"，"外能善分别诸法相，内于第一义而不动"这句话讲的就是"无住"。所谓"第一义而不动"，显然不是不动，而是动上有不动，其实这个不动的"第一义"指的就是空观智慧。一方面我们要严守这种空观智慧，另一方面这种智慧又不是不动的，不是固化的。所谓"善分别诸法相"，其实就是不要有"分别心"，不要形成"成见"，不要有所住，不要将任何一种相做固化理解，这就是"无住"，这就是空观。其实这是达到"自悟"非常重要的一个路径，如果我们真拥有了空观智慧，"自悟"就是水到渠成之事。"一花开五叶，结果自然成"，它是一个自然的过程。

第三个关键词是"破成见"。"心正转《法华》，心邪《法华》转"，到底是我们被《法华》转而形成"成见"，还是我们去转《法华》而"破成见"，这是非常重要的一个问题。因为转《法华》是"破成见"的方法，被《法华》转是形成"成见"的方法，所以我们要时刻提醒自己去转知识而不是被知识转。我们知道，惠能讲法很多时候不是在讲法是什么，而是讲法不是什么。所谓"不是什么"，其实是在破世人对基本佛法的固化理解，整个《坛经》中这种讲法方式非常多。

第四个关键词是"无分别"。佛法强调不要有"分别心"，惠能讲三十六对法就是针对"分别心"。从三十六对法出发，最后到"出没即离两边"，超越两边，达到一种无"分别心"的状态。"定慧体一不二"就是在讲不要对"定慧"做有"分别心"的理解。所以，"无分别"也是非常重要的一种方法。

第五个关键词是"抓关键"。什么是关键？法达读《法华》七年三千遍抓不住关键，惠能听一遍便抓住关键，就四个字——"开佛知见"。这种学习方法也是非常重要的一种觉悟路径。惠能回答韦使君问题时，曾经引用《维摩诘经》中的一句话——"随其心净，则佛土净"，这就是"抓关键"。所谓"抓关键"还有一个背景，就是世人常常会把修行的方法最后当成了目的而忽略了关键是什么，这种现象非常常见，惠能讲法之中经常分析这样的问题。

以上五个关键词虽然不能完全涵盖惠能所讲的般若智慧，但是这五关键词确是其中尤为关键的内容。最后再送大家一句话，也是我们前面不断在讲的一句话——"言下悟易，事上行难"。佛教修行恰恰强调修"行"，恰恰要落在"事上"，而不是仅仅在语言层面。所以，我们以后要不断提醒自己，"言下悟易，事上行难"，而"行"恰恰是关键。

后 记

本书既是作为基础通识课程"人文社科经典导引"的辅助读物,也是作为一般通识课程"《坛经》导读"的教学用书而撰写的,这两门课都是面向全校所有本科生开设的。作为通识读物,本书没有对专业知识做过多介绍,而是希望学生在了解《坛经》相关基本知识的基础上,能更多体会《坛经》中所讲的"般若智慧",从而对中国禅宗文化能有一定的理解。当然,书中的解说部分只是自己十余年来为本硕博各级学生讲授《坛经》而对其中"般若智慧"产生的一些理解和体悟,不当之处还请大家多多批评指正!

高文强

2024 年 8 月 5 日

于武大振华楼

图书在版编目（CIP）数据

心悟妙识：《坛经》导引 / 高文强著. -- 北京：商务印书馆，2024. -- （珞珈博雅文库）. -- ISBN 978-7-100-24635-4

Ⅰ.B946.5

中国国家版本馆CIP数据核字第2024NF0098号

权利保留，侵权必究。

心悟妙识
《坛经》导引
高文强　著

商务印书馆出版
（北京王府井大街36号　邮政编码100710）
商务印书馆发行
苏州市越洋印刷有限公司印刷
ISBN 978-7-100-24635-4

2024年11月第1版　　开本890×1240　1/32
2024年11月第1次印刷　印张 7⅞
定价：68.00元